POPE FRANCIS

In His Own Words

William Collins

本人自らの発言だからこそ見える真実

ローマ教皇フランシスコの生声《なまごえ》

ジュリー・シュワイダート・コヤゾ、リサ・ロガク＝編　ローリングホフ育未＝訳

文響社

生声とは

生声《なまごえ》とは、
その人物がインタビューや書簡、
自身の著作物などで発した
ありのままの言葉である。

本シリーズは、
世界に影響を与える人物の素顔と、
その哲学の核心を、第三者による脚色がない、
純度の高い言葉を通してお届けする。

序章

「みんなと一緒にバスで行きます」
（ローマでの教皇就任式後、運転手と警護運転手にかけた言葉）

2013年3月、アルゼンチン出身の枢機卿ホルヘ・マリオ・ベルゴリオは、カトリック教会の新しい教皇に就任した。この新しい教皇がこれから何を成し遂げるのか、そして、教皇就任に至るまで何を教え、どう生きてきたのかに世界中が注目した。少なくとも現時点で言えることは、歴代教皇たちと比べても、ベルゴリオは慎ましやかで少し変わった人生を送ってきたということだ。枢機卿の任にあっても人々から「猊下《げいか》」ではなく、「ホルヘ神父」と呼ばれることを好んだというエピソードがある。

サン・ピエトロ広場で行われた就任ミサで、人々は喜びに沸いた。その後、発表された数枚の写真からはベルゴリオの謙虚さ、そして貧しい人々に仕えたいという並々ならぬ想いが滲《にじ》んでいる。その中に、1人の女性の前でひざまずき、足を洗っている教皇の姿がある。エイズに苦しむ人々にも同じように奉仕したという。歴代のバチカン元首たちからは想像すらできなかった姿である。

相手がカトリック教徒であるか否かにかかわらず、どのような人とでも同じ目の高さで接しようとするベルゴリオの謙虚な姿勢が、彼の人気の秘密だ。冗談を言い、臆することなく国政のリーダーたちの不平等を問い、庶民たちと直に交流するために過度な取り巻きを退け、贅沢な移動手段を避ける。また、さまざまな宗派の教会から追放された人たちにも温かく接するベルゴリオの様子も多く伝えられている。

その一方で、教皇も私たちと同じように、何かに（しかも1つだけでなく）夢中になる実に人間らしい一面も持っている。タンゴに目がなく、幼少期から地元ブエノスアイレスのサッカークラブの熱心なサポーターだと公言する教皇など前代未聞だ。

また、ベルゴリオの高い行動力は世界中から敬意と称賛を集めている。ブエノスアイレスでの枢機卿としての任期中、前任者たちが住んだ宮殿での贅沢な暮らしを彼は拒んだ。代わりに、質素なワンルームのアパートに住み、夕飯は自炊し、バスで通勤した。そして、教区に頼み込んで貧しい修道士たちを、自分が住むはずだった宮殿に住まわせた。

2013年3月中旬に開催されたコンクラーベで選出されたホルヘ・マリオ・ベルゴリオは、3つの点でカトリック教会史上初の教皇と言える。第1に、彼は史上初のイエズス会出身の教皇である。イエズス会はカトリック修道会の中でも反骨精神が強いことで知られ、教会の伝統的教義と真っ向から対立することもしばしばだ。その一方で、知識養成への厳格な取り組みを怠らない。第2に、アメリカ大陸出身者が教皇となるのはこれが初めてである。さらに特筆すべきは、ベルゴリオのふるさとはラテンアメリカであり、世界中のカトリック信者の実に40パーセントが居住している。第3に、ベルゴリオは「アッシジの聖フランシスコ」にちなみ、自らを「フランシスコ」と称した。この名前を教皇が選ぶのも史上初だ。「アッシジの聖フランシスコ」は、貧しい人々に人生を捧げ、フランシスコ会という修道会を創設した人物である。

厳格で近寄り難いイメージのベネディクト16世のような教皇に慣れていたカトリック教徒たちは、コンクラーベで教皇に選出されたホルヘ・マリオ・ベルゴリオを歓迎し、心から喜んだ。ヨハネ・パウロ2世在任時代の、教皇と民衆との距離が近い関係を彷彿とさせたのだ。そして、今や教皇となり、大統領や総理大臣と肩を並べる地位にあるベルゴリオと謁見を望む世界的指導者たちが、我先にと列をなした。

教皇フランシスコが短い間に与えた影響は大きく、多くの信者が信仰と人生に明るい展望を持てるようになった。カトリック教徒であるか否かにかかわらず、教皇フランシスコを知るための最適な方法は、彼自身の言葉に耳を傾けることだ。教皇は多くの本を出版し、手紙や説教も数えきれないほど書いている。数々のインタビューでも多くを語っている。

本書『ローマ教皇フランシスコの生声』には、教皇の考え方や人となりを伝える短くシンプルな言葉が詰まっている。神様を信じる人もそうでない人も、「ホルヘ神父」の言葉に彼の姿を見つけられるはずだ。

CONTENTS

序章「みんなと一緒にバスで行きます」――3

PART 1
神の召命
1999-2003

ローマ教皇フランシスコの歩み　PART 1――14
市民であることについて――16
子どもについて――17
福音伝道について――18
科学技術について――19
仮想現実（バーチャル・リアリティ）――20
理不尽なこと――21
グローバリゼーションについて――22
政治家について――23
課題を引き継ぐ――24
愛と対話の実践――25
未来について――26
一方的に押しつけるグローバリゼーション――27
多面性を有した現実――28
嘘をつくことについて――29
貧しさについて――30
希望のあるところ――31
苦しみについて――32
真実について――33
科学技術が生み出すもの――34
授かった命――35
可能性について――36
革命的なもの――38
神のよき友人――39
イエスについて――40
子どもではない――41
無関心である権利――42
信仰について――43
弱さについて――44
魂の救済について――45

人間について —— 46

PART 2 対立 2004-2007

ローマ教皇フランシスコの歩み　PART2 —— 48
子育てについて —— 50
効率が悪い神 —— 51
希望について —— 52
特別な貢献ができる機会 —— 53
心がけを持つことについて —— 54
愛し方を学び続ける —— 55
エリート主義について —— 56
自由について —— 57
21世紀を生きること —— 58
溢れるほどの情報 —— 59
平凡なことについて —— 60
調和について —— 61
偶像崇拝について —— 62
文明について —— 63
子どもに話すように —— 64
説教について —— 65
統計について —— 66
正義の追求 —— 67
遺伝子情報 —— 68
記憶について —— 69
記憶の操作 —— 70
苦しんでいる子どもたち —— 71
教師について —— 72
時間について —— 74
時間をかけていい —— 75
待つことについて —— 76
権力について —— 77
子どもの労働について —— 78
神とともに歩む —— 79

CONTENTS

闇夜の経験 80
芸術と芸術家について 82
美しさについて 83
美の気づき 84
ニュースとの距離感 85
善のために探す 86
真、善、美 87
教育について 88
愛について 89
野心について 90
怒りを感じること 91
神の御耳 92
聞き上手 93
地球の子と神の子 94
お金について 95
教会への弾圧 96
自身について 97
親になる 98
児童買春 99
ラテンアメリカについて 100
自殺ほう助について 101
聞くことについて 102

PART 3

共生

2008-2010

ローマ教皇フランシスコの歩み PART3 104
パーティーとはめを外すこと 106
私たちと神との関係について 107
最も情熱的な芸術 108
素敵な散歩 109
移民たちと搾取することについて 110
無能さを嘆く 111
行動を起こさない人たち 112
何をしたのか 113

聞くことができたら　114
1人親家庭の子どもたちに洗礼を施すこと　115
人身売買や奴隷について　116
歴史上の登場人物　117
本物のリーダー　118
真のリーダーシップ　119
歴史の伝達者　120
高齢者の後悔　121
好きな絵画　122
無神論者について　123
不可知論者　124
正しくあること、そして正しくないこと　125
避妊について　126
「見栄っ張り結婚式」について　127
独身制の神父たちについて　128
貧困で抗う　129
喜びを持って生きる　130
外に開かれた教会　131
分派　132

真の対話のために　133
死について　134
死刑制度について　135
悪魔について　136
悪魔の存在　137
自身の家族について　138
外国籍の企業について　139
物乞いにお金を施すことについて　140
帝国主義的なグローバリゼーション　141
神について　142
便利な宅配業者ではない　143
神からの贈り物について　144
ゴシップについて　145
最も恐れているものについて　146
貧しい人を助けることについて　147
同性愛について　148
聖職を志した時の母親の反応　149
小児性愛の司祭たちについて　150
道に迷う聖職者について　151

二重生活――152
刑務所訪問について――153
公共交通機関について――154
教会と国家との関係――155
宗教的経験について――156
召命について――157
本当にすべきこと――158
苦しみに向き合う――159
自殺について――160
タンゴについて――161
バチカンと金について――162
神学校入学まで4年かかったこと――163
女性について――164
司祭になれない女性――166
仕事について――168
余暇も許さない仕事――169
仕事と人間――170

PART 4 建て直し 2011-2013

ローマ教皇フランシスコの歩み PART4――172
追い出しましょう！――174
クリスマスについて――176
もう慣れっこだ――177
神のしもべ――178
教会のスキャンダルについて――179
人生の比喩としてのサッカーについて――180
命について――181
不確かさについて――182
不平等について――183
キリストの意思――184
教皇就任について――185
教皇の最初の挨拶――186
教皇の謙虚さについて――187
教皇としての使命について――188
信徒たちに祈ってもらうこと――189

教皇として選任されること――190
神よ――191
教会が私の母親だ――192
人権について――193
政治について――194
教皇就任後、リムジンを断ったこと――195
カトリック教徒として生きること――196
平坦な道ではない――197
訪ね歩きなさい――198
宗教的人生について――199
クジャクの後ろ姿――200
貧富の差について――201
教皇として成し遂げること――202
カトリック教会の感じる教区民への恩義――204
年齢と、年を重ねることについて――205
キリスト教徒として生きること――206
コンクラーベについて――207
悪魔に祈る――208
悲観主義について――209
神の御子――210
「フランシスコ」という名前――211
平和の象徴――212
貧しい人々のための教会――213
薬物について――214
メディアについて――215
マスメディアの役割――216
教皇の役割について――217
ゆるしについて――218
神のゆるし――219
憐れみについて――220
神のメッセージ――221
最初のツイート――222
憐れみを知る者――223
脆さについて――224
セレクション――225

1999-2003

神の召命

アルゼンチンのブエノスアイレス。
16歳のホルヘ・マリオ・ベルゴリオは
教会で神の召命を受け、
聖職者として人生を捧げる決意をする。
学問を深め、教鞭を執りながら
教会の修練を積み、やがて彼は
ブエノスアイレス大司教となる。

ローマ教皇フランシスコの歩み　PART 1

1936
12月17日、ホルヘ・マリオ・ベルゴリオはアルゼンチン・ブエノアイレス、フローレスに生まれる。父親はイタリア移民のマリオ・ホセ・ベルゴリオ。母親はアルゼンチン出身のレジーナ・マリア・シヴォリ。

1953
9月の「春の日」、サン・ホセ・デ・フローレス教会で召命を受け、聖職者として人生を捧げることを決意。

—1958
重篤な肺炎を患う。医師からは生存のために片肺切除を勧められるが、回復する。
3月、イエズス会で修練士となる。その後、チリのサンティアゴの神学校に移り、人文学の勉強をする。

1960
ブエノスアイレス、サン・ホセ神学院で哲学の学位を修了。

1964
この年から数年間、ブエノスアイレス、インマクラーダ・コンセプシオン学園で、文学と心理学の教鞭を執る。

1969

12月13日、司祭に叙階する。アルゼンチンのサン・ミゲル神学校、哲学神学科で働き始める。新入りの司祭たちの監督役、そして神学の教師を務める。

1973

4月22日、イエズス会で終生誓願を宣立。通常の責務に加えて、アルゼンチン管区長を務める。世界中のイエズス会のリーダーたちにアルゼンチン管区長として奉仕する。6年間務める。

1980

サン・ミゲル神学校神学部・哲学部の学部長に就任。

1992

6月27日、ブエノスアイレス補佐司教に叙階。

1998

2月28日、ブエノスアイレス大司教に叙階。

2001

2月21日、ヨハネ・パウロ2世よりカトリック教会枢機卿に叙階。

2002

米国で司祭による性的虐待事件が問題となる。

市民であることについて

すべての人が豊かに暮らせるようにすることを天からの使命としなければ、政治社会は息絶えてしまうでしょう。その使命は市民のみなさんに委ねられているのです。

説教 1999年5月25日

Political society will only endure if the satisfaction of common human needs is our vocation. This is the role of the citizen.

私たちは子どもたちに、どのような世界を残すのでしょうか。聞き方を変えてみましょう。「私たちはこの世界に、どのような子どもたちを残すのでしょうか」

――説教 1999年9月1日

What world are we leaving our children? Maybe it would be better to ask: 'What children are we giving this world?'

福音伝道について

外に行かなければなりません。そして、バルコニーにいる町の人たちへと出向きましょう。私たちの殻を破り、イエスは生きていらっしゃると伝えるのです。……喜びをもって訴えましょう……ちょっと変だと思われてもいいじゃないですか。

――説教　2000年3月11日

We have to go out and talk to people in the city who we've seen on their balconies. We have to come out of our shell and tell them that Jesus lives ... to say it with joy ... even though it seems a little crazy sometimes.

新たな現実には、新たな対応が必要です。

――教育コミュニティへの大司教年次メッセージ
２０００年　イースター

New realities demand new responses.

仮想現実（バーチャル・リアリティ）

「仮想現実《ヴァーチャル・リアリティ》」は創造性と教育の新しい扉を開きました。伝統的なコミュニケーションの形式に疑問も投げかけました。文化人類学的な深刻な問いです。

――教育コミュニティへの大司教年次メッセージ
2000年　イースター

'Virtual reality' opens new doors to creativity and to education, and also calls into question traditional forms of communication, with serious anthropological implications.

この時代の最も理不尽なことは、悲観主義が勝利していることではないでしょうか。

――教育コミュニティへの大司教年次メッセージ
２０００年５月29日

Perhaps the worst injustice of the present time is the triumph of bitterness.

グローバリゼーションについて

グローバリゼーションで多くの会社が倒産し、失業や悲しみが溢れています。これに抗うためには、中小企業を増やし底辺から押し上げる経済成長が必要です。金銭的な援助のみにとどまらず、仕事や政治に関わる文化や風潮に目を向ける必要があります。

――『La Stampa』紙 2001年12月

To fight the effects of globalization that led to the closure of many factories and the consequences of misery and unemployment, you have to promote bottom-up economic growth with the creation of small and medium-sized companies. Outside help should not just come in the form of funds but should also reinforce a work culture and a political culture.

政治家もときに火消しに従事せざるをえない時があります。しかし本来それは消防士の使命であって、政治家の使命は別にあります。

――大司教区司祭交流大会　２００１年

Sometimes they have to put out a fire, but the vocation of the politician is not that of a fire-fighter.

課題を引き継ぐ

人間は歴史を必要とする生き物です。私たちは時間と空間の中で生きています。前の世代と次に続く世代が、すべての世代に必要なのです。それが大きな意味で、国家であるということではないでしょうか。つまり、先人たちがそれぞれの立場でずっと取り組み続けてきた課題を、私たちは引き継いでいるという理解が重要なのです。

——教育コミュニティへの大司教年次メッセージ
2002年　イースター

We are historical people. We live in time and space. Every generation needs the ones before it and owes those who follow. And this, in great measure, is what it means to be a nation: to understand ourselves as continuing the work of other men and women who have already done their part.

愛と対話の実践がなければ、良心の真なる成長は見込めません。

――教育コミュニティへの大司教年次メッセージ
２００２年　イースター

True growth in human consciousness cannot be founded on anything other than the practice of dialogue and love.

未来について

長い歴史の中で、現在ほど人類が大きな可能性を手にしたことはないでしょう。多様性に満ち、調和のとれた世界のコミュニティを築くことができる可能性です。

――教育コミュニティへの大司教年次メッセージ
2002年　イースター

At no other moment in history has humanity had the possibility, as it does now, of building a plural, unified world community.

均一的な価値、習慣、そして商品を一方的に押しつける形態で進むグローバリゼーションは、偽造を促し、そして文化的、知的、精神的な服従を求めます。

――教育コミュニティへの大司教年次メッセージ
２００２年　イースター

Globalization as a unidirectional and uniform imposition of values, practices and goods goes hand in hand with imitation and cultural, intellectual and spiritual subordination.

多面性を有した現実

バンコクからサンパウロ、ブエノスアイレスからロサンゼルス、そしてシドニーまで、どこの若者たちも同じ音楽を聴き、子どもたちは同じアニメを見ています。同じ服を着て、同じ店に出かけ、同じ食べ物を食べて、まるで世界中、均一な方法で楽しんでいるように見えます。しかしながら、グローバリゼーションは多面性を有した現実なのです。

——教育コミュニティへの大司教年次メッセージ
2002年 イースター

From Bangkok to São Paulo, from Buenos Aires to Los Angeles or Sydney, many young people are listening to the same music; kids see the same cartoons, families dress, eat, and have fun in the same stores. Nonetheless, this globalization is an ambiguous reality.

嘘と盗み（堕落の主原料）はコミュニティを破壊する悪です。

――教育コミュニティへの大司教年次メッセージ
2002年　イースター

Lies and thievery (the principal ingredients of corruption) are always evils that destroy the community.

貧しさについて

富豪、成功者、そして有名人たちの前にひざまずくのをやめ、貧しく恵まれない人たちの足を洗おうとする人々は、（神の）教えと共にあります。近年、私たちが悲しくも身につけてしまった「どんな犠牲を払っても勝ち組を目指す」倫理とはかけ離れています。

――教育コミュニティへの大司教年次メッセージ
２００２年　イースター

A community that stops kneeling before the rich, before success and prestige, and which is capable, instead, of washing the feet of the humble and those in need, will be more aligned with [God's] teaching than the winner-at-any-price ethic that we've learned – badly – in recent times.

希望のあるところには、幸福があります。

説教　2002年4月10日

Where there is hope, there is happiness.

苦しみについて

私たちが最も成長できるのは、己の限界や痛みに直面した時です。自分の欠点から次のような深い疑問が湧き上がってくるのです。私はもう十分に苦しんだのではないか？　この堂々巡りを抜け出す時が来たのではないか？

説教　2002年5月25日

It is from pain and our own limits where we best learn to grow, and from our own flaws surges the deep question: haven't we suffered enough to decide to break old patterns?

真実があるところに、光があります。でも、ただのフラッシュを光だと勘違いしないように。

――説教　2002年10月4日

Where there is truth, there is also light, but don't confuse light with the flash.

科学技術が生み出すもの

科学技術は創造も混乱も生み出します。物事を作り替え、新しい現実の一面を見せ、選択肢や指針を考えるきっかけを与えてくれます。その一方で、まがい物や、幻想、空想、虚構を本物らしく見せることもできるのです。

――説教　２００２年

Technology can help create or disorient. It can recreate things and inform us about reality, thus helping us see the options and decisions before us, or it can, on the contrary, create virtual simulations, illusions, fantasies and fictions.

私たちの教会区に、母子家庭の子どもに洗礼を施すことを拒む司祭たちが存在します。神聖なる婚姻における出生ではないからだと言うのです。これは現代における偽善です。教会は役所ではありません。救いを求める人々を神から引き離してはならないのです。なんと哀れなことでしょう。女性たちは授かった命を送り主に返さず、勇敢にもこの世界まで運んできたのです。それなのに、彼女たちは我が子に洗礼を受けさせるために教区を渡り歩かなければならないなんて！

――『ニューヨーク・デイリーニューズ』紙　2003年3月14日

In our ecclesiastical region, there are priests who don't baptize the children of single mothers because they weren't conceived in the sanctity of marriage. These are today's hypocrites: those who clericalize the Church, those who separate the people of God from salvation. And this poor girl who, rather than returning the child to sender, had the courage to carry it into the world, must wander from parish to parish until her child can be baptized!

可能性について

人類の歴史、私たちの歴史、そして私たち1人1人の歴史は「終わる」ことがありません。可能性が尽きることはないからです。むしろ、それまで考えもしなかった新しいことに、いつだって開けているのです。不可能に見えたことも、可能になるかもしれません。

――教育コミュニティへの大司教年次メッセージ
2003年4月9日

Human history, our history, the history of every one of us is never 'finished', it never runs out of possibilities; rather, it is always opening to the new, to what, until now, we'd never even had in mind. To what seemed impossible.

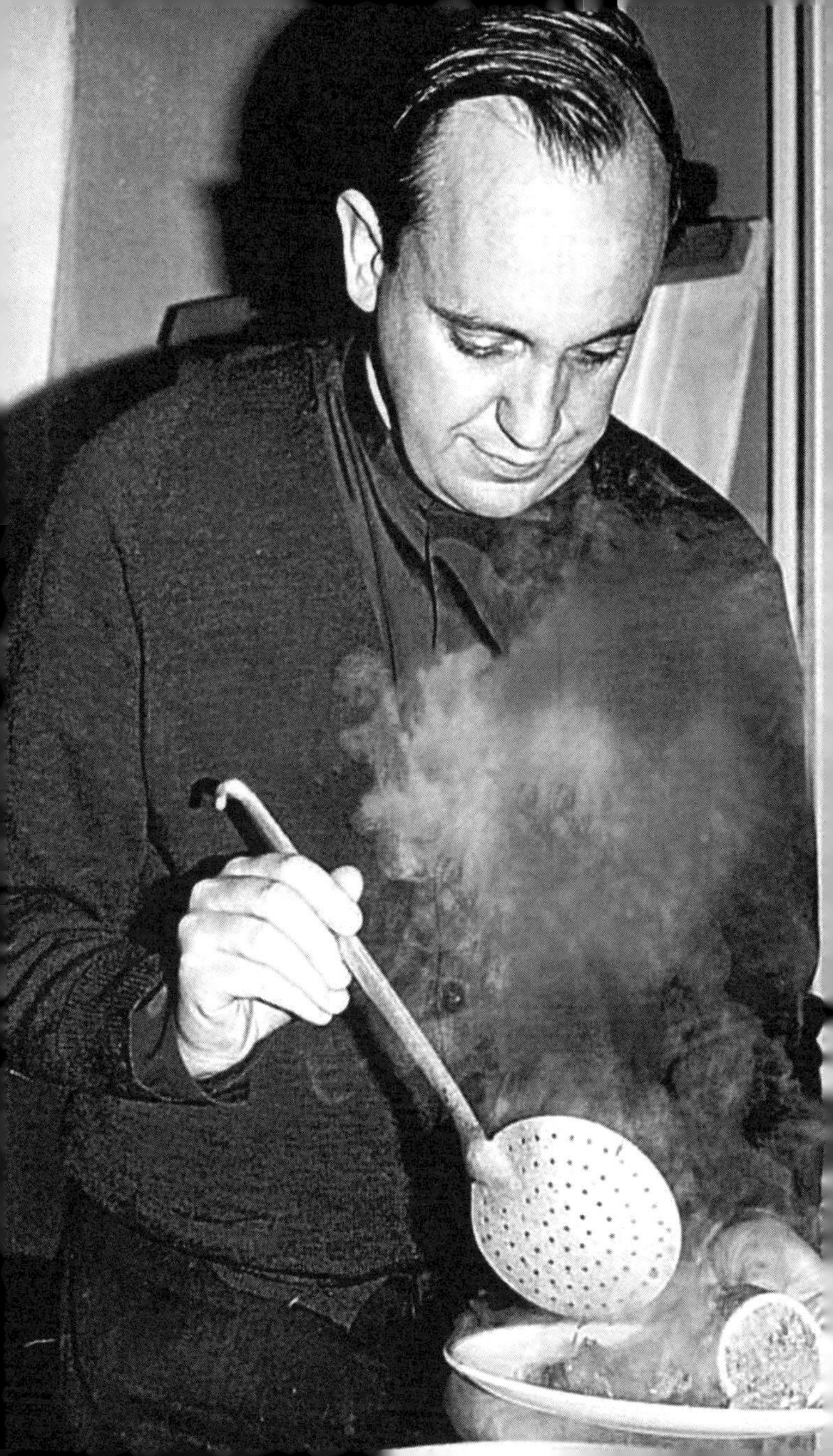

革命的なもの

嘘やごまかし、偽善のせいで社会契約ですら信用を失った社会において、真実ほど革命的なものがあるでしょうか?

——教育コミュニティへの大司教年次メッセージ
2003年4月9日

In a society where lies, cover-ups, and hypocrisy have caused people to lose basic trust in the social contract, what could be more revolutionary than the truth?

神にとって最も大切なことは、私たちが彼のよき友人であることです。

――説教　２００３年４月17日

What God cares about most is that we are his friends.

イエスについて

イエスは細部にまでお心を尽くしてくださいました。

説教　2003年4月17日

Jesus took care of the details.

統治する者たちにすべてを求めるべきではありません。指をくわえて待っている子どもではないのですから。

――説教　2003年5月25日

We don't have to expect everything from those who govern us; that would be juvenile.

無関心である権利

無関心である権利も、目をそらす権利も私たちにはありません。

説教　2003年5月25日

We do not have the right to be indifferent or to look the other way.

人々は尋ねます。像など触っているる暇があるなら、なぜ仕事を探しに行かないのかと。なぜなら、私たちは信仰によって導かれているからです。信仰心が絶えることはないからです。そして、残されたのは信仰しかない、そんな時もあるからです。

――『ワシントン・ポスト』紙　２００３年８月８日

People ask why we spend our time touching a statue when we could be out looking for work. We do it because faith will see us through. We do it because faith endures. We do it because faith is all we have at a time like this.

弱さについて

自らの弱さに気づくことのできる人だけが、ほかの人と連帯して行動できるのです。

――説教 2003年8月21日

Only he who recognizes his vulnerability is capable of unified action.

どっちつかずでいる選択肢はありません。光か闇のどちらかです。不遜か、謙虚か。真実か、嘘か。私たちを救いに来てくださるイエスを迎え入れるのか。それとも、（盲信する）自助とプライドと自惚れに沈み、その扉を閉めてしまうのか。この二択しかないのです。

――説教　２００３年12月25日

There is no middle ground: it's either light or dark, haughtiness or humility, the truth or the lie. We either open the door to Jesus who comes to save us, or close it in [our belief in] self-sufficiency and the pride of self-salvation.

人間について

人間は大きく2種類に分けられます。痛みに向き合う人間と、見ないふりをする人間です。

説教 2003年

There are two types of men: those who take care of the pain and those who pass by.

2004-2007

対立

貧富の差の激しいアルゼンチンで、
ベルゴリオは政府と対立する。
2005年、ヨハネ・パウロ2世が
死去し、その後のコンクラーベで、
ドイツのヨーゼフ・ラッツィンガーが
教皇に選出される。
ベルゴリオは次点になったとされ、
その発言力はますます高まっていく。

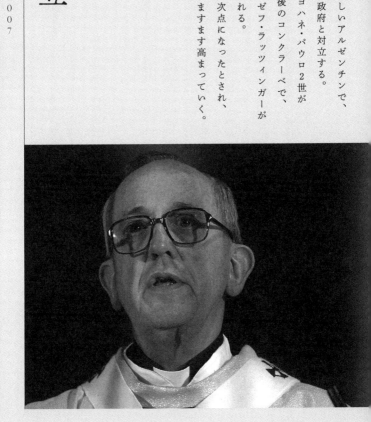

ローマ教皇フランシスコの歩み　PART2

2004

長年の過労から、胆嚢《たんのう》を悪くし、糖尿病や心臓痛にも苦しむようになったため、漢方医の治療を受けるようになる。３年間の治療によって回復する。

５月、イスラム・センターをキリスト教の司教として初めて訪れる。

アルゼンチン司教協議会議長に就任。２０１１年まで務める。

2005

4月2日、ヨハネ・パウロ2世が84歳の生涯を終える。８日にサン・ピエトロ広場で盛大な葬儀が行われ、各国首脳や聖職者、一般信者約30万人が会葬に集まった。広場に入れなかった信者や一般市民の数は約２００万人、世界各国から集まった巡礼者の数は５００万人に上ったとされる。

4月18日から19日にかけて、次期教皇を決めるコンクラーベ（教皇選挙）が執り行われる。４回の投票の末、ドイツの枢機卿であったヨーゼフ・ラッツィンガーが選出され、ベネディクト16世となる。ベルゴリオは枢機卿たちによって教皇第2候補に選出されたと言われている。

11月、アルゼンチンの司教協議会の議長に選出される。

2006

1月、スペインの司教たちのためにイグナチオに従った黙想会を行う。

5月25日、アルゼンチンのキルチネル大統領を大聖堂でのテ・デウムのミサに迎える。しかし、その時の説教に腹を立てた大統領は以後大聖堂に入ることはなかった。

その後、プエルト・イグアスの隠退司教が州知事選に立候補したことで国と教会の関係が冷却化し、大統領はベルゴリオを国家の敵として扱い始める。

6月、ブエノスアイレスでの教会一致の集会で、ベルゴリオが下げた頭に福音派の牧師が手を置いている写真が新聞に掲載され、伝統的なカトリック信徒から反感を招く。

5月、ブラジルのアパレシーダで開催された第5回ラテンアメリカ・カリブ司教会議（CELAM）で議長を務める。3週間の会議期間中、ミサ、説教を行い、盛大な喝采が巻き起こった。

子育てについて

3つの心がけが大切です。つまりやさしさ、希望、そして忍耐のことですが、これなしでは、生命とこれから生まれてくる子どもたちの成長を敬うことなど不可能です。

説教　2004年3月25日

Without these three attitudes – tenderness, hope and patience – it's impossible to respect life and the growth of the child who is waiting to be born.

非礼を恐れずに申し上げるならば、神ほど「効率が悪い」人はいないでしょう。

――教育コミュニティへの大司教年次メッセージ
２００４年　イースター

We can say, without being irreverent: there isn't anyone more 'inefficient' than God.

希望とは、ありとあらゆるものを比べ、その中から優れているものを選んでいく能力のことなのです。よく見極めなければなりません。

――教育コミュニティへの大司教年次メッセージ
2004年 イースター

Hope is the capacity to weigh everything and keep the best of each thing. Of discerning.

もし学校という空間が人間性を創造せず、叡智の根も張らすことができず、新しい社会を築かず、希望や超越的なものに価値を置かないのであれば、私たち人類はこの歴史的瞬間に特別な貢献ができる機会を失っているも同然です。

――教育コミュニティへの大司教年次メッセージ
２００４年　イースター

If our schools are not a space where another humanity is being created, where another wisdom is taking root, where another society is being created, where hope and transcendence have a place, then we are losing out on making a unique contribution to this historical moment.

心がけだけでは十分ではありません。貧困に苦しむ兄弟姉妹たち、不正や排除の犠牲者たち、そして「心の内面」だけではどうしようもならない状況にいる人たちにとって、私たちの気持ちだけでは足りないのです。心がけだけでは、自分自身すら救うことはできないでしょう。

——教育コミュニティへの大司教年次メッセージ　2004年
イースター

Intention is not enough. It's not enough for our brothers and sisters who are most in need, the victims of injustice and exclusion, those whom 'the interior of our hearts' doesn't help in their need. It's not even enough for ourselves.

「だけど神父さま、どうやって愛すればいいのか私には分かりません」とあなたは言うかもしれません。何が正しい愛し方なのか、正解を知る者はいません。だから私たちは、日々学び続けているのです。

――説教　2004年4月21日

'But Father, I don't know how to love.' No one knows how to love; we learn every day.

華々しいエリートたちは忍耐を知りません。人々の勤勉な毎日の行進を理解することも、賢人の御言葉に耳を傾けることもないでしょう。

説教 2004年5月25日

The impatience of the illustrious elites doesn't understand the laborious, daily march of the people, nor the message of the wise man.

魂が盲目であれば、自由を手にすることなど不可能です。

――説教　２００４年５月25日

The blindness of spirit prevents us from being free.

「脆弱《ぜいじゃく》な思考」の時代です。

説教　２００４年５月25日

It is the age of 'weak thought'.

興味深いのは、溢れるほどに多大な情報があるというのに、状況を理解することがより困難であることです。

——説教 2004年5月25日

Curiously, we have more information than ever, and yet we don't know what's going on.

平凡なことについて

「平凡」は人を隷属させるのに、うってつけの催眠剤です。

――説教 2004年5月25日

Mediocrity is the best drug for enslaving the people.

調和について

みんなでまとまって歩くのは、時間がかかるものです。

――ブエノスアイレスのカトリック教徒たちへの大司教からの手紙
2004年8月

To walk as a people is always slower.

偶像崇拝について

最も危険な偶像は私たち自身です。神の場所を我が物にしようと望む、その心なのです。

説教 2004年9月11日

The most dangerous idol is our own selves when we want to occupy the place of God.

愛と命に根ざした新しい文明を築くことは可能なのです。

——説教　2004年9月25日

It is possible to build a new civilization centred on love and life.

子どもに話すように

教会とは母親なのです。母親が子どもに話すように、教会は人々に語りかけます。母親が子どもに語りかけるのは、子どもを愛するゆえ、子どものためを思ってのことだと、受け手がすでに分かっているという信頼の上で言葉を発するのです。

説教
２００５年１月19日

The Church is Mother and talks to the people as a mother talks to her child, with that confidence that the child already knows that everything he is being taught is for his good, because he knows he is loved.

日曜日の説教は若いワインの味わいのようであるべきです。耳を傾ける人々の心に新しい風を起こし、説教している者の心も蘇らせてくれるような。

――スピーチ「ラテンアメリカでの説教」　２００５年１月19日

A good Sunday homily should have the taste of that new wine, which renews the heart of he who is preaching as it renews that of his listeners.

統計学的な視点でしか物事を見られない人たちがいます。多くのことを数字だけで考えてしまうようです。数えることしか知らないのでしょうか。

統計について

説教 2005年3月12日

There are those who look with eyes of statistics ... and most of the time they only see numbers; they only know how to count.

不正を避けるだけでは十分ではありません。正義を積極的に追求しなければ意味がないのです。

――説教　２００５年　イースター

It is not enough to avoid injustice if you're not promoting justice.

遺伝子情報

もしも、人としての成長が遺伝子情報によってのみ促されるのであれば、私たちは何もする必要がないということになります。

説教 2005年 イースター

If maturity was only something that developed as part of our genetic code, then we really wouldn't have much to do.

記憶について

覚えておくことが大切です。つまり、勝利や失敗の記憶、幸福や苦しみの瞬間を忘れずに思い出し続けなければ、私たちは最悪な「子ども」のようになってしまいます。つまり、未熟で、浅はかで、至極傷つきやすくなるのです。

――説教　２００５年　イースター

To make memories, to keep alive the memory of triumphs and failures, of moments of happiness and of suffering, is the only way to avoid being 'children' in the worst sense of the word: immature, inexperienced, tremendously vulnerable.

記憶の操作

記憶の操作が偶然なされることはありません。むしろ、いつもごまかしのために行われるのです。

説教 2005年 イースター

The manipulation of memory is never innocent; rather, it is dishonest.

子どもたちに何が起こっているというのでしょう？　いえ、こう言い換えた方がいいかもしれません。私たちに何が起こっているのでしょうか。見捨てられ、１人ぼっちで苦しんでいる子どもたちに、私たちは何もしてあげられていません。

――説教　２００５年　イースター

What is happening to our children? Or better put: what is happening with us, that we're incapable of taking charge of the situation of abandonment and loneliness in which our children find themselves?

対立

2004-2007

あなたがた（先生たち）は、子どもたちと日々顔を合わせます。彼らは可能性、希望、恐れに溢れている一方で、同時に真に空っぽの存在です。要求ばかりし、文句ばかり言って、懇願している。とても寂しくて、欲しがりで、恐れおののいています。（しかし）絶え間なく、あなた方を信頼しています。

You [teachers] stand daily before boys and girls, who are full of possibilities, desires, fears and real lack. Children who are demanding, waiting, criticizing, pleading in their own way, [who are] infinitely alone, in need, terrified [and yet] persistently trusting in you, even if they present a face of indifference, disinterest or rage.

無関心を装ったり、気が散っていたり、ときには怒っているように見える時でさえ、信じているのです。子どもたちは目を見開いて、あなた方が何か違うものを与えてくれる教師なのか、それとも、またドアを閉めてしまう教師なのかを見極めようとしています。

――説教　2005年　イースター

They're alert, waiting to see if you'll offer them something different, or if you'll just close yet another door in their face.

時間について

本当に大切なことには、時間がかかるものです。手に職をつけたり、何かの仕事に就いたりするためには学ぶ必要があります。愛や友情をはぐくむためには、辛抱強く関係を築く必要があります。
生きるために大切なものが分かるようになるには、時間がかかるのです。

――説教 2005年 イースター

The things that are truly important require time: to learn a craft or a profession, to know a person and establish an enduring relationship of love or friendship, to know how to distinguish the important from the things we can do without.

これだけははっきりしておきましょう。「時間をかけていいよ」というのは、「好きにしなさい」という意味ではないのです。

――説教　２００５年　イースター

Let me be clear: 'take your time' isn't the same as 'just let it be'.

待つことについて

待つ能力は、私たちが身につけるべきことの中で、おそらく最も大切なことでしょう。

説教　2005年　イースター

The capacity to wait is probably one of the most important things we have to learn.

もし一番の権力者が、その権力すべてを集結させて奉仕し、ゆるすことに使ったとしましょう。そうすればきっと、ほかのことに権力を使おうとする者たちがまぬけに見えてしまいますね。

——説教　２００５年８月７日

If the most powerful used all his power to serve and to pardon, he who used his power for anything else would end up looking ridiculous.

子どもの労働について

大人の労働の地位と質を向上させれば、自ずと子どもの労働（という現象）は減るはずです。両親が有意義な仕事に従事し、家族を養うことができれば、子どもたちが外に出て働く必要などないのですから。

――若者たちへの手紙　2005年10月1日

The promotion and strengthening of work for adults will make it possible to avoid [the phenomenon] of child labour. It's very difficult for a child to go out and look for work if his parents have meaningful work that allows them to provide for their family's needs.

キリスト教徒としての一生は、いつも神とともに歩むことを意味します。しかし、だからといって苦しみや困難が訪れないわけではありません。

――説教 2006年3月11日

The Christian life is always a walk in the presence of God, but it is not exempt from struggles and trials.

闇夜の経験

キリスト教徒であるならば……砂漠を歩かなければならない時が来ます。内面の浄化の経験。漆黒の闇夜の経験です。

――説教 2006年3月11日

In the life of every Christian … there will be the experience of the desert, of interior purification, of the dark night.

芸術家たちは、慰めをもたらすだけが芸術ではないと知っています。ときに、混乱をもたらすのが芸術です。巨匠たちは熟知しています。最も悲劇的で見るに耐えない人間社会の現実を、美しく表現する術を。

ADEPA(アルゼンチンジャーナリズム協会)での大司教スピーチ　2006年4月6日

Artists know well that beauty isn't solely consoling, but that it can also be disturbing. The grand masters have known how to present with beauty those realities of the human condition that are most tragic and painful.

この世界で一番感動的なのは、人間の心は美しさを欲さずにはいられない、という事実そのものではないでしょうか。

――ADEPA（アルゼンチンジャーナリズム協会）での大司教スピーチ　2006年4月6日

Few things are more moving than the human need for beauty that all hearts have.

高い人間性を持つ人は、悲しみや驚き、哀れさの中にも美しさが潜んでいることを知っています。それによって、気づきたくなかったことに気づかされたり、それまでのやり方が間違っていたかもしれないと思い至ったりすることもあるのです。

――ADEPA（アルゼンチンジャーナリズム協会）での大司教スピーチ　2006年4月6日

Because it is human, sometimes beauty is tragic, surprising, moving; on some occasions, it compels us to think about what we do not want or it shows us the error of our ways.

ニュースを見て「なんて非道な！」と声を上げる時があります。しかし、そのままページをめくったり、チャンネルを変えたりするならば、苦しみからの距離感を台なしにしてしまいます。そしてそれは、私たちをより遠ざけてしまうのです。

——ＡＤＥＰＡ（アルゼンチンジャーナリズム協会）での大司教スピーチ　２００６年４月６日

When the news only makes us exclaim, 'What an atrocity!' and immediately turn the page or change the channel, then we have destroyed [the sense of] proximity [to suffering], [and] we have widened even more the space that separates us.

善のために探す

人が真実を必死で探し求める時は、善のために探すのです。引き離したり、対決したり、攻撃したり、侮辱したり、無にしようとする意図をもって探す者に、真実は見つけられません。

——ADEPA（アルゼンチンジャーナリズム協会）での大司教スピーチ　2006年4月6日

When one is really searching for the truth, one is doing it for good. You don't look for the truth to divide, confront, attack, belittle or dissolve.

真、善、美は切り離すことができません。

――ADEPA（アルゼンチンジャーナリズム協会）での大司教スピーチ　2006年4月6日

Truth, goodness, and beauty are inseparable.

教育について

教育とは、社会愛が真に表現された形なのです。

――教育コミュニティへの大司教年次メッセージ
2006年4月27日

Education is the genuine expression of social love.

愛するというのは、時々優しい気持ちになったり、特別な感情になったりするだけではありません。創造性を土台からひっくり返しかねない挑戦なのです！

――教育コミュニティへの大司教年次メッセージ
２００６年４月27日

To love is much more than feeling tenderness or a certain emotion once in a while. It's a total challenge to creativity!

野心について

自分の小ささを知って、初めて成長することができるのです。

説教　2006年5月25日

No one can grow if he does not accept his smallness.

正義を求める声を聞き、世界中の幾億の人々が苦しむ姿を見て、はらわたが煮えくり返るように私たちは感じます。そう感じられる私たちは、幸福です。

説教　２００６年５月25日

Happy are we who, upon hearing the call to justice, feel our insides burn when we see the misery of millions of people in the world.

神の御耳

神は偶像ではありません。その御耳は、何も聞こえない偶像の飾りの耳ではないのです。神は強欲な権力者でもありません。その御耳は、都合のよいことだけを聞くわけではないのです。神はすべてを聞いてくださいます。……ただ聞くだけでなく、喜んで耳を傾けてくださるのです。

――説教 2006年8月7日

God is not like the idols, who have ears but don't listen. He's not like the powerful, who listen only to what they wish. He listens to everything ... and he doesn't just listen; he loves to listen.

マリア様は聞き上手です。

説教　2006年8月7日

Mary was an expert in listening.

私たちの暮らすこの世界と人類は複雑な関係にあります。なぜならば私たちは、この地球の子であるとともに、神の子であるという二重の状態にあるからです。

——教育コミュニティへの大司教年次メッセージ
2007年4月10日

We human beings have a complex relationship with the world in which we live, precisely because of our dual condition of being children of the earth and children of God.

人の価値はお金では決まりません。神によってのみ決められるのです。

――教育コミュニティへの大司教年次メッセージ
２００７年４月18日

The measure of every human being is God, not money.

教会への弾圧

教会は昔からずっと弾圧されてきました。これからも弾圧され続けるでしょう。

説教 2007年4月23日

The Church was, is, and will continue to be persecuted.

そしてどうかお願いです。私のために祈り続けてください。私にはみなさんの祈りが必要なのです。

――説教　2007年6月9日

And, please, don't stop praying for me because, well, I need it.

母親と父親だけが喜びと誇り、使命感を持ってこう宣言することができます。私たちは親になります。赤ちゃんができました、と。

——説教 2007年8月7日

Only a mother and a father can say with joy, with pride, and with responsibility: we are going to be parents; we have conceived our child.

児童買春

子どもたちは不当に扱われています。教育も受けさせてもらえず、十分に食べさせてももらえない。多くの子どもたちが売春させられ、搾取されていますす。このブエノスアイレスで起きているのです。この偉大な南の都市で。児童買春は、5つ星ホテルでも提供されています。エンターテイメントメニューの「その他」欄にあります。

――スピーチ　2007年10月2日

Children are mistreated, and are not educated or fed. Many are made into prostitutes and exploited. And this happens here in Buenos Aires, in the great city of the south. Child prostitution is offered in some five-star hotels: it is included in the entertainment menu, under the heading 'Other'.

ラテンアメリカについて

ラテンアメリカにおいて一番安いもの、つまり最も安価で取引されているものは命です。その事実を教会は憂慮しています。

スピーチ　2007年10月2日

The Church is very conscious of the fact that the cheapest thing in Latin America, the thing with the lowest price, is life.

アルゼンチンでは、秘密裏に安楽死が行われています。社会福祉はある時点までは面倒を見てくれますが、その時点を超えるとおしまいです。まるで「死んでしまえ、お前は年を取りすぎた」とでも言うように。今の社会は、高齢者たちに居場所を与えません。高齢者たちこそが、社会に必要な知恵の宿主だというのに。生命権は、人間が殺されず、生かされること。つまり、成長し、食べ、教育を受け、治療を受け、そして尊厳を持って死ぬことが許されることなのです。

――LifeSiteNews.com　２００７年10月５日

In Argentina there is clandestine euthanasia. Social services pay up to a certain point; if you pass it, 'die, you are very old'. Today, elderly people are discarded when, in reality, they are the seat of wisdom of the society. The right to life means allowing people to live and not killing, allowing them to grow, to eat, to be educated, to be healed, and to be permitted to die with dignity.

聞くことについて

耳を傾けることが難しいこともあります。聞こえないふりをするほうがよっぽど簡単です。ヘッドホンをつけて、誰の声も聞かないでいるのです。ですから、メールやメッセージ、文字での「チャット」を使用し、聞くことを避けています。そうすることで私たちは……顔や表情、抱擁を失っているのです。

――「真の力は奉仕である」2007年

It's not always easy to listen. Sometimes it's more comfortable to play deaf, put on the Walkman and not listen to anyone. So easily we replace listening with email, messaging and 'chat', and in this way we deprive ourselves ... of faces, looks and embraces.

2008-2010

共生

教会での地位が高くなっても、
ベルゴリオは常に貧しい人々、
苦しんでいる人々とともにあり、
彼らの救済のために精力的に活動した。
一方で、ユダヤ教、イスラム教など、
他の宗教指導者との親交も深めて、
平和に共生する社会を
目指していく。

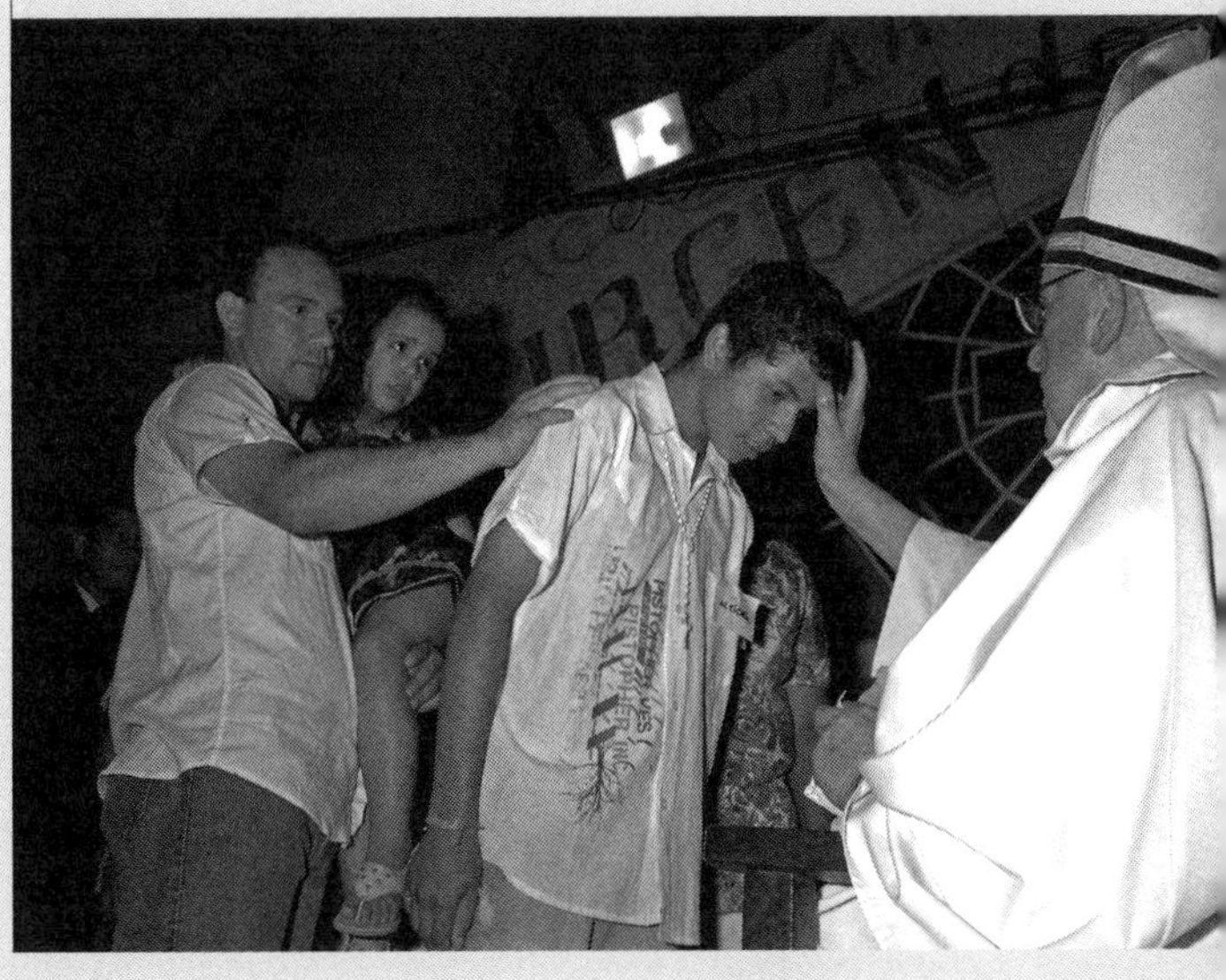

TIMELINE ローマ教皇フランシスコの歩み PART3

2008

合法的なギャンブルの増加に対し、国とブエノスアイレス市に対して異議を唱え始める。教会の強い圧力により、12月、市長はビンゴ、スロットマシンの一連の新しい認可を差し止めた。

8月、ラ・ボカの港湾地区にある移民の聖マリア聖堂でのミサで、貧しい労働者、人身売買された人たち、元売春婦たちに対して、教会は彼らの味方であることを訴える。

12月、ベルゴリオが議長を務めるアルゼンチン司教協議会から「正義と連帯の200年祭に向けて」と呼ばれる野心的な文章が出される。アルゼンチン国民に深く埋め込まれたキリスト教の価値観を、新しい国家を形成する計画の基礎とした。

2009

8月、ブエノスアイレスのスラムの司牧活動を、教区の公的な構造に取り込むため代理区が創設される。

2010

政府が、大統領のキルチネル派が主導した同性婚を認める議案を提出。ベルゴリオは同性愛者の権利や彼らの市民婚の法律上の認知は支持したが、法律によって結婚を再定義する試みには反対。しかし7月、法案は上院で可決される。

10月、元大統領のネストル・キルチネルが死去。長年対立していたベルゴリオであったが、大聖堂で死者のためのミサを行う。

10月、ベルゴリオとユダヤ教のラビ教義学校校長のアブラハム・スコルカが大司教区のテレビ局「カナル21」で対談番組を開始。司会はプロテスタントの神学者、マルセロ・フィゲロア。

2011年にはスコルカとの対談集が出版される。

パーティーとはめを外すこと

パーティーはとても大切なものです。喜びと歌とダンスで感謝を表現するものですから。喜びと楽しさに溢れる雰囲気の中で、体中の感覚が呼び覚まされるのです。

説教　2008年1月19日

The party occupies an important place. [It is] gratitude put in the form of joy, song and dance. At a party, all the body's senses come into play, all in a setting of pleasure and joy.

私たちが心の扉をぴしゃりと閉じてしまったら、神は苦しまれます。もう何度も拒絶されたことがあるはずなのに、やはり神は苦しんでくださるのです。そうして私たちは、神が幸せを与えてくださるチャンスを逃してしまうのです。

――説教　2008年3月15日

If we close the door of our heart in his face, God suffers. Even though he's used to it, he suffers. And we lose the opportunity for him to make us happy.

最も情熱的な芸術

この世に存在する最も情熱的な芸術の１つが、教えることなのです。

説教　２００８年　イースター

Teaching is one of the passionate arts in existence.

こんなふうに歩けたら素敵ですね！　ゆっくりと、周りの人たちを感じ、歌を口ずさみ、空を見上げて、その瞬間ブエノスアイレスにいない人たちのことを考え、祈るのです。

――説教　2008年5月24日

How lovely it is to walk this way, slowly, feeling the presence of others, singing, looking forward, looking at the sky, praying for those who aren't with us in Buenos Aires!

移民たちと搾取することについて

あなた方の中に移民を憎んでいる人などいないように見えます。しかし、排外主義は潜んでいます。……私たちが誠実であるなら、私たちの中にも排外主義がさまざまな形で存在していることを認める必要があります。現に、私たちは移民を搾取しているのです。

――説教 2008年9月7日

It seems that nobody here hates the immigrant. But subtle xenophobia exists ... If we are sincere, we have to recognize that among us there is a subtle form of xenophobia, which is exploitation of the immigrant.

あなた方に告白します。(アルゼンチンの排外主義について)深く考えを巡らせ、(排外主義者たちを)ゆるしました。しかし、私は涙しました。無能さを嘆きました。この国の人々に一体何が起こったというのでしょう?かつては両手を広げて、多くの移民を受け入れてきたというのに?一体どうしてしまったのでしょうか!?

説教　2008年9月7日

I confess to you: when I meditate on this [xenophobia in Argentina], I pardon them [the xenophobes], but I cry. I cry out of impotence. What is happening to my people, which once had its arms open to receive so many immigrants? What is happening to my people?!

行動を起こさない人たち

何も行動を起こさない人たちは……共犯者です。搾取と奴隷制（そしてほかの社会悪）の片棒を担いでいます。私たちは沈黙のまま傍観し、無関心でいることによって加担しているのです。

――説教　2008年9月7日

Those of us who do nothing ... are complicit in exploitation, slavery [and other social ills.] We are complicit through our silence, through our inaction, through our apathy.

「だけど神父さま、政治家たちは何もしてくれていません！」と言う人たちがいますね。では、あなた方は何をしたと言うのですか？もし何もしていないのなら、自分たちのこともわめき散らしてはどうですか！

――説教　2008年9月7日

Some people say to me: ‘But, Father, politicians aren’t doing anything either!’ But what are you doing? If you aren’t doing anything, then scream [about yourself]!

聞くことができたら

私たちが本当に聞くことができたら、一体いくつの問題を避けて通れたでしょうか。

——説教 2008年10月5日

How many problems would we avoid in life if we learned to listen?

両親の婚姻状態に関して、子どもたちにはまったく責任がありません。子どもの洗礼が、両親にとっての新しいスタートになることもしばしばです。

――『30 Giorni』誌　2009年8月

The child has absolutely no responsibility for the state of his parents' marriage. And often a baptism can be a new start for the parents as well.

人身売買や奴隷について

奴隷制はあるまじきことです。……子ども、男、女、どのような人もゴミのように扱われるなどあってはなりません。私が話しているのは、人間の身体についてなのですよ！　人間の肉体が売買されているのです！　私やあなたの身体とまったく同じ身体が安売りの棚に陳列されているのです！　実弟の身体が売られているとしても、あなたの心は動かないのですか⁉

――説教　2009年9月4日

No to slavery ... No to children, men, and women [treated as] discarded material. It's our flesh that's at stake here! It's our flesh that's being sold! The same flesh I have, that you have, is on sale! And you're not going to be moved for the flesh of your brother?!

人はみな、歴史上の登場人物です。「プエブロ（pueblo）」（国家）に属する市民、すべての人がそうです。国家と社会は相互協力し、人々の権利を守り、一層強化して、人々が自らの運命を築くことのできる社会状況を作らなければなりません。

――大司教区司祭交流大会でのスピーチ　２０１０年10月16日

People are historical subjects, which is to say citizens and members of the pueblo [nation]. The state and society should generate the social conditions that promote and act as guardian of their rights and allow them to be builders of their own destiny.

本物のリーダー

すべての指導者が、本物のリーダーになるために最も重要なことは、つぶさに観察することです。

大司教区司祭交流大会でのスピーチ　2010年10月16日

Every leader, to become a true leader, has to be, above all, a witness.

真のリーダーシップとその権威は、生きた経験があって初めて効力を発揮するのです。

——大司教区司祭交流大会でのスピーチ　２０１０年10月16日

True leadership and the source of its authority is an existential experience.

歴史の伝達者

高齢者は歴史の伝達者です。私たちに記憶を伝えてくれます。民衆、祖国、家族、文化、そして宗教の記憶までも……長い間、生きてきたのです。どんなに愚かな生き方をしてきた人でも、真剣に向き合われなければなりません。

『天と地の上で』2010年

The old person is the transmitter of history, he who brings us memories, the memory of our people, of our country, of our family, culture, and religion … he has lived a long time, and even if he's done so as a fool, he deserves serious consideration.

高齢者の後悔ほどつらいものはありません。もう取り返しがつかないのですから。

――『天と地の上で』２０１０年

The bitterness of the old person is worse than any other because it is without return.

好きな絵画

マルク・シャガールの《白い磔刑《たっけい》》です。

（一番好きな絵画について尋ねられて）

――『イエズス会士』2010年

The White Crucifixion by Marc Chagall. (His favourite painting.)

（無神論者たちの）魂が（地獄で）罰せられるか、私には述べることができません。人の道徳的誠実さを裁く権利は、私にはないからです。

――『天と地の上で』２０１０年

I don't say that [the atheist's] life is condemned [to Hell], because I am convinced I don't have the right to pass judgment about the moral uprightness of that person.

不可知論者

実は、無神論者よりも不可知論者に会うことの方が多いのです。前者には神に対する確信があり、後者には迷いがあります。

『天と地の上で』2010年

[I] know more agnostics than atheists; the first is more undecided, the second, more convinced.

私はすべての問いの答えを知っているわけではありません。そして、すべての問いも知りません。……正直に言うと、私の性格のせいなのか、最初に思いつく答えはほとんど間違っている場合が多いのです。……なぜか分かりませんが、いつもそうなのです……。

――『イエズス会士』２０１０年

I don't have all the answers. Nor do I have all the questions … I confess that, in general, because of my temperament, the first response that occurs to me is the wrong one … It's curious, but that's the way it is with me …

避妊について

（コンドーム反対派の人たちは）世界を丸ごとコンドームの中に突っ込もうとしているのでしょうか。

――『天と地の上で』　2010年

[Anti-condom zealots want to] stick the whole world inside a condom.

教会で結婚式を挙げる際――正直に言うとまだ解決策も分からないのですが――ブライドメイドたちと花嫁たちが競い合っているようです。この女性たちのしていることは、宗教的行為ではありません。ただ見せびらかしているだけです。私は良心の呵責《かしゃく》にさいなまれています。司祭として、そのような事態を許してしまい、しかも止め方すらもまだ分からないのですから。

――『天と地の上で』２０１０年

In some churches – and I don't know how to remedy this, honestly – there is a fierce competition between bridesmaids and brides. These women aren't observing a religious act; they're just showing off. And this weighs on my conscience; as priest, I am permitting this and I haven't found a way to put a stop to it.

独身制の神父たちについて

そうですね、西方教会が独身制について今一度考えてみることはできるかもしれません。……しかし、今の時点で私は独身制を維持することに賛成です。賛否両論ありますが、この約1000年の間、悪い経験よりも、はるかによい経験のほうが多かったからです。

『天と地の上で』 2010年

Yes, hypothetically, western Catholicism could revise the theme of celibacy … But for the moment, I am in favour of maintaining celibacy, with the pros and the cons it has, because we have ten centuries of more good experiences than bad ones.

当時、民と教会にはびこっていた贅沢・高慢・見栄に対して、貧困で抗おうという考えをキリスト教に最初に広めたのが彼（フランシスコ）です。その時、歴史が変わりました。

――『天と地の上で』２０１０年

He brought to Christianity an idea of poverty against the luxury, pride, vanity of the civil and ecclesiastical powers of the time. He changed history.

キリスト教徒として生きるということは、喜びを持って証人となることです。キリストがそうであったように。

『イエズス会士』2010年

[Living] the Christian life [means] giving witness with joy, just as Jesus did.

外に開かれた教会

教会が内に閉じこもり、精神を病むことは避けなければなりません。閉じこもるのをやめて外に出れば、道に迷って予期せぬ事故に遭うこともあるかもしれません。しかし、教会が閉じこもり、自己完結してしまえば、朽ち果てるだけです。意図せずして道を外れた教会と、扉を閉ざし病に侵された教会。どっちを取るかと尋ねられれば、私は前者を取ります。

――『イエズス会士』 ２０１０年

We have to avoid the spiritual sickness of a self-referential Church. It's true that by straying from its path, as can happen to any man or woman, accidents can happen. But if the Church stays enclosed within itself, self-referential, it will grow old. And between a Church that accidentally strays off its path and one that is sick because of self-reference, I have no doubt: I prefer the former.

分派

どの宗教にも、しきたりに固執するあまり、人間的なものをおざなりにしてしまう教派があります。

――『天と地の上で』2010年

There are sectors within the religions that are so prescriptive that they forget the human side.

真の対話のためには、警戒心を取り払い、心の扉を開け放して、あなたのぬくもりを与えなければなりません。

――『天と地の上で』２０１０年

In order to have dialogue, you have to know how to lower your defences, open the doors of your home and offer human warmth.

死について

私は日々、死について思考を巡らせます。

『イエズス会士』２０１０年

Death is on my mind every day.

（死刑制度は）かつてはキリスト教も認めていた刑罰の1つでした。しかし、道徳意識がもっと洗練され、現在はカテキズム[1]でも存在しないほうがよいとされています。

——『天と地の上で』2010年

1）カトリックで公共要理、プロテスタントで教理問答などといわれるキリスト教の信徒教育の教材。

Before, it was one of those punishments that Christianity accepted. But today moral conscience has become more refined and the catechism says it would be better if [capital punishment] didn't exist.

悪魔について

神学では、神の計画を受け入れないことを選んだ存在が悪魔だとされています。

『天と地の上で』２０１０年

Theologically speaking, the Devil is a being who chose not to accept God's plan.

私の経験では、神から求められていないことをしたくなる時、悪魔（の存在）を感じます。

――『天と地の上で』２０１０年

In my own experience, I feel [the presence of] the Devil every time I'm tempted to do something that isn't what God asked of me.

自身の家族について

（私の両親は）1934年、ミサで出会いました。そして翌年、結婚しました。

――『イエズス会士』2010年

[My parents] met in 1934 at Mass. They married the following year.

お金にも祖国があります。ある一国の産業を食い物にし、その稼ぎを他国で蓄える行為は、罪を犯すことです。なぜなら、富を与えてくれた国を踏みにじる行為だからです。

——『天と地の上で』2010年

Money also has a homeland, and he who exploits an industry in a country and takes the money to another country to store it is sinning, because he is not honouring with that money that country that enriched him.

物乞いにお金を施すことについて

告解者たちに、物乞いに施しをするか尋ねることがあります。「施します」と答えた人には、「施しを受ける人の目をしっかり見ますか。手に触れますか」とさらに問います。すると、多くの人が答えに詰まります。ほとんどの人が顔も向けず、ただお金を投げ渡しているだけだからです。

――『天と地の上で』2010年

Sometimes I ask someone who is making confession if they give alms to beggars. When they tell me 'Yes', I ask, 'And do you look in the eyes of the person to whom you are giving alms? Do you touch their hand?' And that's where they start to get tangled up, because many just throw the money and turn their heads.

均一化を推し進めるような
グローバリゼーションの、
根本は帝国主義的です。
その末路は、人々の隷属に
ほかならないのです。

――『天と地の上で』 2010年

The kind of globalization that makes things uniform is essentially imperialist. At the end it becomes a way of enslaving people.

神について

自信に満ち、すべての問いに対する答えを知っているという人の傍に、神はいらっしゃいません。

『天と地の上で』２０１０年

When someone is self-sufficient, when he has all the answers to all the questions, it's a sign that God is not with him.

便利な宅配業者ではない

神は、さまざまなメッセージを休みなく届けてくれる便利な宅配業者ではないのですよ。

――『天と地の上で』 2010年

God isn't a kind of Andreani [UPS or FedEx], sending messages all the time.

神からの贈り物について

才能を抑制すると、任務を全うできず成長できません。一方で自分の成果に喜びすぎるのも考えものです。天から贈られた才能を忘れ、唯我論的な倫理観を作り出してしまいます。すべては自分の力で成し遂げたものであり、神から与えられたものなど何もなかったと信じるようになるのです。

――『天と地の上で』2010年

When a man guards his gift and doesn't do his work, he doesn't fulfil his mandate and remains primitive; when he is overly enthusiastic about his work, he forgets his gift and creates a constructivist ethic: he believes everything is the fruit of his own hands and that there is no gift.

ゴシップとは何でしょうか。文脈を奪われた真実です。

――『イエズス会士』２０１０年

What is gossip? It's a truth taken out of context.

最も恐れているものについて

快楽主義、消費主義、そして自己陶酔の文化がカトリックにも侵食してきているのは事実です。私たちは汚染されています。……そこには、宗教の喪失が待っています。私が一番恐れることです。

――『天と地の上で』２０１０年

It's true that the hedonistic, consumerist, narcissistic culture is infiltrating Catholicism. It's contaminating us ... In it rests the loss of the religious, which is what I fear most.

貧しい人を助けようとする際の最大の危険、もしくは落とし穴は、父親的保護者の役割を買って出てしまうことです。このような援助の仕方は、人々の成長を妨げてしまいます。

――『天と地の上で』2010年

The great danger – or the great temptation – of helping the poor lies in falling into the role of paternalistic protector, which ultimately doesn't let people grow.

同性愛について

聖職者たちは人々の生活における私的、及び公的なあらゆる面に言及することがあります。それは、教区民たちを導こうとするためです。しかし、(ある特定の)私的生活を強制する権利はありません。神が人間にすべてを自由にする可能性を残したまま、創造されたのですから、私が干渉すべきことではないのです。

——『天と地の上で』2010年

The religious ministry sometimes calls attention to certain points of private or public life because it is the guide of its parishioners. What it does not have the right to do is force a [specific kind of] private life on anyone. If God, in his creation, ran the risk of making us free, who am I to meddle?

神学校に入学する時、母は一緒に来てくれませんでした。ついて来たくなかったのです。何年もの間、母は私の決断を受け入れませんでした。仲違いをしていたわけではありません。私は（母に会いに）実家に里帰りしたけれど、母が神学校を訪ねて来ることはありませんでした。母は敬虔《けいけん》なカトリック教徒でした。しかし、すべてのことがあまりにも速く起こっていると感じていたのです。叙階式の時、祝福を求めて母が私の前にひざまずきました。その姿を、私は忘れることができません。

――『イエズス会士』２０１０年

When I entered seminary, Mama didn't go with me; she didn't want to go. For years, she didn't accept my decision. We weren't fighting. It's just that I would go [visit her at] home, but she wouldn't come to the seminary. She was a religious woman, a practising Catholic, but she thought that everything had happened too quickly. But I remember seeing her on her knees in front of me at the end of my ordination ceremony, asking for my blessing.

小児性愛の司祭たちについて

独身制が人を小児性愛に走らせるという考えは忘れてください。小児性愛の司祭がいるなら、司祭になる前からそうだったはずです。しかし、小児性愛から目をそらしてはいけません。権力のある立場でそれを利用して、ほかの人を破滅させることなど決してゆるされません。

『天と地の上で』２０１０年

The idea that celibacy produces paedophiles can be forgotten. If a priest is a paedophile, he is so before he becomes a priest. But when this happens you must never look away. You cannot be in a position of power and use it to destroy the life of another person.

もし私のところに来て、女性を妊娠させてしまったと聖職者が告げたとしましょう。私は耳を傾けます。……（しかし）彼は聖職者であることを辞し、その子への責任を果たさなければなりません。……子どもに母親を持つ権利があるように、父親の顔を知る権利だってあります。教皇庁に裁量がある婚姻の手続きは責任をもって行いますが、（その本人は聖職者を）辞める決断をしなければなりません。

――『天と地の上で』2010年

If one of them comes to me and tells me he got a woman pregnant, I listen ... [but] he must leave the ministry and take responsibility for his child ... Just as the child has a right to have a mother, he also has the right to know his father's face. I commit to arranging the papers in Rome, but [the priest] must leave [the priesthood].

二重生活

誰にとっても、二重生活は好ましくありません。私は嫌いです。嘘がある証拠です。（性的欲求を）克服できないのなら、（聖職を捨てるか否か）決断するべきです。

――『天と地の上で』２０１０年

The double life doesn't do anyone good; I don't like it, it signifies a lie. If you can't overcome [your sexual needs], make a decision [priesthood or secular life].

刑務所を訪れるのは大変恐ろしいです。そこで見る光景はとてもつらいものです。しかし私は行きます。神は望まれています。最も恵まれない人たちと、私が対面し向き合うことを。

――『天と地の上で』　２０１０年

It's horrific for me to go to a jail because what you see there is very hard. But I go anyway because God wants me to be face to face with the one who is most in need.

公共交通機関について

私はいつも地下鉄に乗ります。とても速いですからね。でも、バスのほうが好きです。通りがよく見えます。

――『イエズス会士』2010年

I almost always take [the subway] since it's fast, but I like the bus better because I can see the street.

宗教が政治的権力と対話することと自体は悪いことではありません。問題なのは、それが闇の中で行われる時です。

――『天と地の上で』 ２０１０年

It isn't bad if religion dialogues with the political power; the problem is when it associates with it to do business under the table.

宗教的経験について

宗教的経験そのものです。ずっとあなたを待っていたその人に、出会った時の驚きこそ。

『イエズス会士』2010年

That is the religious experience: the astonishment of meeting someone who is waiting for you.

準備が整った心に神の呼び声がする。それが、召命なのです。意識して待っている、いないにかかわらず。

――『イエズス会士』 2010年

The religious vocation is a call from God to a heart that is ready, whether conscious of it or not.

本当にすべきこと

私にとって罪は、表面的にきれいにするべきシミではありません。本当にすべきことは、ゆるしを乞い、和解に向けて努力することです。帰宅する前にクリーニング店に立ち寄ればよいわけではないのです。

――『イエズス会士』2010年

For me, sin is not a stain that I have to clean. What I should do is ask pardon and make reconciliation, not stop by the cleaners on my way home.

苦しみそのものに徳はありません。しかし、どんなふうに苦しみに向き合うかで、その人の徳の高さが決まります。

――『イエズス会士』２０１０年

Suffering is not a virtue in and of itself, but it can be virtuous, depending upon the way in which we deal with it.

自殺について

（教会は）自殺者のための葬式を行わない時がありました。（その人は）歩くことをやめてしまったからです。自分の判断でその道を終わらせてしまいました。しかし、この人は矛盾を克服することができなかったのです。私は拒絶しません。神様にお任せしたいと思っています。

――『天と地の上で』2010年

There was a time when [the Church wouldn't] do funerals for suicides, because [the person] didn't keep walking toward the goal; he put an end to the path when he felt like it. But this is a person who couldn't overcome the contradictions. I don't reject him. I leave it in God's hands.

私はタンゴが好きです。若い時、よく踊りました……踊ると大きな喜びが溢れてくるのです。

――『イエズス会士』2010年

I like tango; I danced it when I was young ... tango is something that gives me great pleasure.

バチカンと金について

バチカン宮殿の黄金装飾について、いつも引き合いに出されますが、あれは博物館です。バチカンの収支は公開していますし、いつだって赤字です。寄付や博物館の入場料での収入は、ハンセン病療養所や学校、（困っている）コミュニティなどで役立てられています。

――『天と地の上で』２０１０年

There's always talk about the Vatican's gold, but that's a museum. The Vatican's balance is public and it's always in deficit: what enters in donations or through museum visits goes to leprosariums, schools, and communities [in need].

ほかの家族同様に、私もカトリック教徒だったのは本当です。だけど、私は宗教的なことばかり考えていたわけではなく、政治にも興味がありました。ただ、政治への関心は教養レベルを超えることはありませんでした。共産党の『ヌエストラ・パラブラ』紙も読んでいました。政治的な思考に役に立ちはしましたが、私が共産党員であったことはありません。

――『イエズス会士』 2010年

It's true that I, like my entire family, was a practising Catholic. But my head wasn't fixed solely on religious matters because I also had political preoccupations, although they didn't move beyond the intellectual plane. I read *Nuestra Palabra y Propositos*, a publication of the Communist Party, and I loved all the articles, which helped me in my political formation. But I was never a Communist.

女性について

私がまだ神学校の生徒だった頃、1人の少女に強く憧れたことを覚えています。美しさと聡明さに打ちのめされました。くらくらした頭でしばらく歩き回って、学校に戻りました。それから1週間くらい、きちんとお祈りができませんでした。何をしても、この少女が脳裏にちらつくのです。自分が何をしているのか、再考

When I was a seminarian, I was dazzled by a girl I met. Her beauty, her intellect surprised me, and well, I walked around dizzy for a good bit. When I returned to the seminary, I couldn't pray for a whole week because this girl always popped into my head.

する必要がありました。神学校生徒でしたから、まだ自由の身です。家に帰ることもできたのです。（しかし）私は決意を新たにしました。神の道に進む時、こういった瞬間は必ず訪れます。それが身に起こった時に、もう一度自分の場所を見直すことが大切なのです。

――『天と地の上で』　２０１０年

I had to rethink what I was doing. I was still free because I was a seminarian; I could have gone back home, [but] I reaffirmed my decision, the religious path. It would be abnormal if this type of thing didn't happen. When it does happen, one has to resituate oneself.

司祭になれない女性

司祭になれないからといって、女性が男性に劣っているということではありません。

『天と地の上で』 2010年

The fact that a woman can't be a priest doesn't mean that she is less than a man.

Princess

仕事について

（13歳の時に）働きに出してくれた父に心から感謝しています。働くことで、私はよりよい人間になれました。特に、（父が働いていた）研究所では人間の労働に伴うすべての善悪を学ぶことができました。

――『イエズス会士』2010年

I thank my father so much for sending me to work [at the age of 13]. Working was one of those things that made me a better person, and, in particular, in the laboratory [where he worked], I learned the good and the bad of all human labour.

労働者は休まなければなりません。家族と団欒《だんらん》し、（人生を）楽しみ、書に親しみ、音楽を聴き、スポーツに打ち込む時間を大切にするべきです。回復するための健やかな余暇も許さない仕事は、人々を隷属させているのです。

――『イエズス会士』２０１０年

A person who works should take time to rest, to spend time with family, to enjoy [life], to read, listen to music, play a sport. When work doesn't allow room for healthy leisure time, for restorative rest, then it enslaves [the worker].

仕事と人間

人間が仕事のために創られたのでなく、仕事が人間のために創られたのです。

『イエズス会士』 2010年

Man is not made for work; work is made for man.

2011-2013

建て直し

バチカンの腐敗が深刻になる中、
教皇ベネディクト16世が退位する。
教会の建て直しを期待されて、
ベルゴリオは
第266代教皇に選出される。
初のアメリカ大陸出身の教皇であった。
「私の家を建て直せ」という神の命令を、
教皇はいかに果たしていくのか。

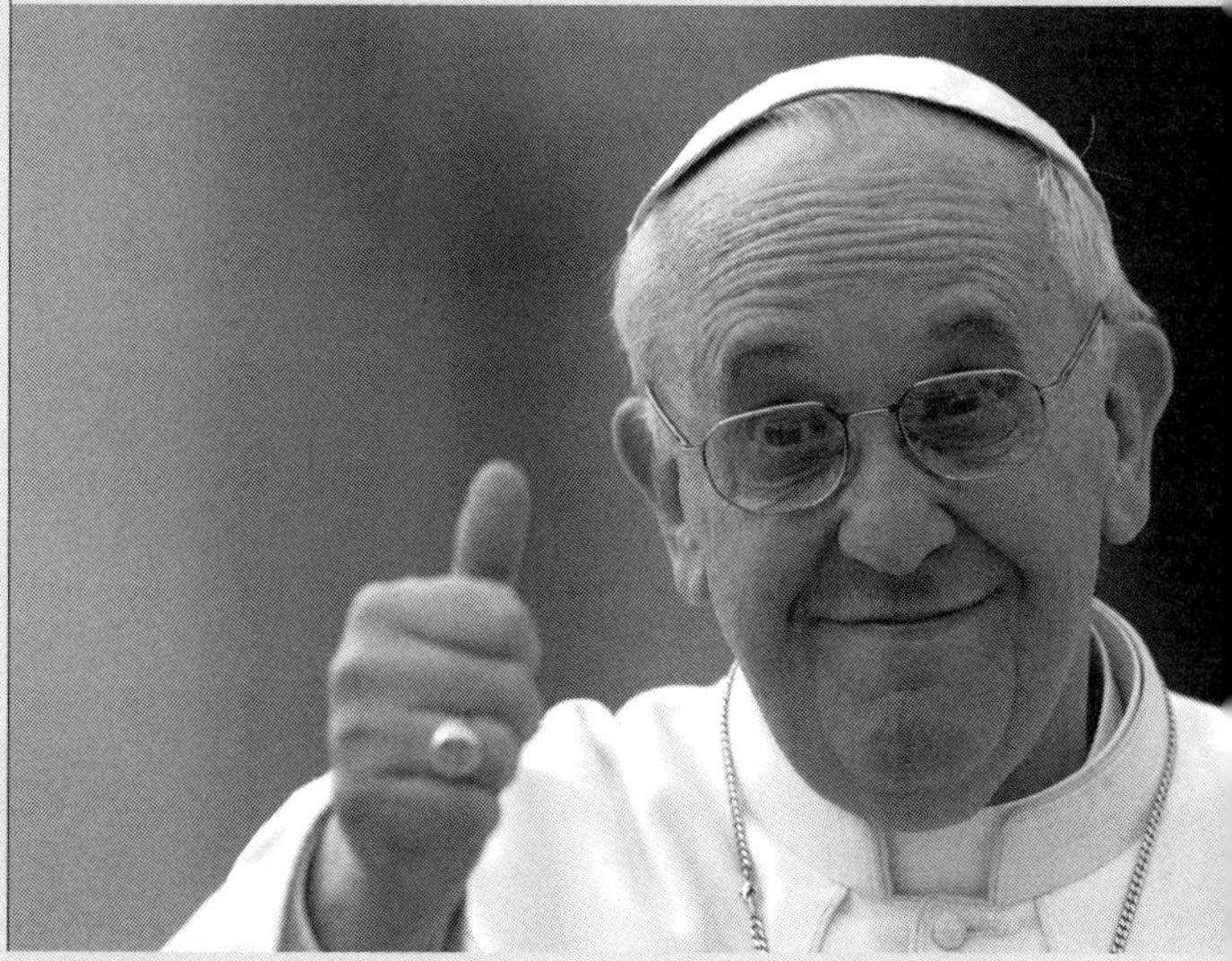

ローマ教皇フランシスコの歩み　PART 4

2011

9月、6年の任期を終えて、アルゼンチン司教協議会議長を辞し、アランセード大司教にその後を任せる。

11月、ローマ教皇に大司教の辞任を申し出る。

2012

2月、新しい枢機卿を任命するため、ローマを訪れる。そのころ、バチカン・スキャンダルが問題となる。

5月、ベネディクト16世の執事が教皇の机にあった文書の写しを公表し、バチカン・スキャンダルが深刻化する。

8月、婚外子への洗礼を拒否した司祭たちを厳しく糾弾する。

2013

2月11日、ベネディクト16世が教皇退位を発表。28日に退位が発効する。

3月13日、第266代教皇に選出。初のアメリカ大陸出身の教皇であり、また初めてのイエズス会出身の教皇となった。午後8時22分、サン・ピエトロ大聖堂のロッジア・バルコニーに立ち、挨拶をした。教皇名は、アッシジの聖フランシスコにちなんで、フランシスコと名乗ることに決めた。

3月19日、就任ミサが行われ、132か国の代表と多くの宗教指導者、そして20万人の群衆が出席した。宗教代表者の中には正教会のコンスタンチノープル総主教も含まれていた。正教会の総主教がローマ教皇の就任式に出席するのは、11世紀の教会大分裂以来のことだった。

追い出しましょう!

学校で、奴隷制は廃止されたと学びましたね。だけど、あれはおとぎ話だったのです!
ブエノスアイレスでは、多様な形態をとって奴隷制が存続しています。隠然たる工場で、労働者たちは搾取され続けています。移民労働者たちは、ここを去ることもできない状態です。
この町には、何年間も路上生活を強いられている子どもたちがいます。

At school they taught us slavery has been abolished, but do you know what? It was a fairy tale! Because in Buenos Aires, slavery is still common in various forms. In this city workers are exploited in clandestine workshops and, if they are immigrants, they prevent them from leaving; and in this city there are children who have been living on the streets for years.

誘拐の末、身体を虐待、利用され、尊厳を奪われている女性たちがいます。人の身体を傷つけ、売買し、金もうけをしている者たちがいるのです。この町では犬のほうが、人間の奴隷よりもよっぽどましな生活を送っています！ 追い出しましょう！ 彼らをこの町にのさばらせてはなりません！

――説教 2011年9月23日

In this city women are kidnapped and are submitted to the use and abuse of their bodies, destroying their dignity. There are men here who abuse and make money from human flesh. Dogs are treated better than these slaves of ours! Kick them out! Get rid of them!

クリスマスについて

クリスマスの精神とは何でしょう？今まで世界中のさまざまな文化圏で、なんとかクリスマスの精神に近づこうと幾千通りのやり方で努力が行われてきました。どんなクリスマスのお話よりも、その事実が一番クリスマスの精神を表していると思いませんか！

『ラ・ナシオン』紙　2011年12月23日

What is the spirit of Christmas? Over the years the world of culture has tried to express it in a thousand ways and has managed to take us closer to the meaning of the Christmas spirit. How many Christmas stories bring us closer to this?

知り合いに調子はどうか尋ねたところ、こんな答えが返ってきて、私は驚き困惑してしまいました。「最悪だ。でももう慣れっこだよ」

――説教　２０１２年２月22日

It astonished and perplexed me when I asked an acquaintance how he was doing and he responded, 'Bad, but used to it.'

神のしもべ

枢機卿はNGOの代表ではなく、聖霊によって導かれた神のしもべです。聖霊のみがカリスマ（神からの恩寵）を分け与え、そしてそれを教会に集結することができるのです。枢機卿はカリスマを見極め、1つにまとめることができなければなりません。差異も調和も聖霊がお創りになったことに気づくことができなければならないのです。この心の在り様に至らない枢機卿は、ベネディクト16世が望んだ枢機卿の姿ではないと、私は思います。

――「バチカン・インサイダー」2012年2月24日

Cardinals are not NGO representatives, but servants of the Lord, inspired by the Holy Spirit, which is the one who is really able to differentiate charismas, unifying them in the Church. A cardinal must be able to differentiate between charismas and at the same time look towards unity, aware that the creator of difference and unity is the Holy Spirit itself. Cardinals who do not enter this frame of mind, in my view, are not cardinals in the way Benedict XVI would like them to be.

教会を見てください。神聖で罪深い、そのありのままの姿を。欠点と罪悪にも視線を注いでください。そうする時、どうか教会で今日も働くたくさんの人たちの神聖さにも目を向けてください。

――「バチカン・インサイダー」２０１２年２月24日

Look at the Church, [as] holy and sinful as it is; look at certain shortcomings and sins, without losing sight of the holiness of so many men and women who work in the Church today.

人生の比喩としてのサッカーについて

サッカーに例えてみましょう。ボールが落ちてきたところで罰則を科されれば、それに善処するしかありません。どこにボールが落ちるか、あなたには選ぶことができないのです から。人生もそういうものです。好ましくない状況でも、最善を尽くすしかないのです。

説教 2012年3月10日

It's like in football: you have to deal with the penalties where they fall; you can't choose where they're going to land. Life is like that, and you have to deal with it even if you don't like it.

お金で命は買えません。

説教　2012年3月23日

Life is priceless.

不確かさについて

なぜなのか問い続けてください。私は答えを差し上げられません。司教や教皇であっても、答えることはできないのです。しかし（神は）お慰めくださいます。

説教 2012年3月23日

Keep asking why. I can't give you an answer, nor can any bishop, nor the Pope, but [God] will console you.

この世のすべての人が仕事とパンにありつけない不公平さに、心から怒りを感じなければなりません。自分のためであれば行動できる人がたくさんいます。しかし、興味深いのは悪態をついている人というのは、自分のためだけに行動し、ほかの人のためには動かない人たちなのです。このような人たちは何についても、文句を言わずにはいられないようです。

――スピーチ　2012年8月

You have to become indignant against the injustice that not everyone has bread and work. In this world many people look out for themselves. And how curious it is that those who look out for themselves and not for the common good are usually the ones who go around cursing; who curse other people and things.

キリストの意思

キリストは自分の政見を説かれませんでした。その代わり、ほかの人にお供しました。キリストのありがたい言葉の数々は、人に寄り添う強い意志から生まれたのです。
キリストのその意思は、私たちを兄弟姉妹、そして御子にしてくださいます。NGOのメンバーや、多国籍企業の信奉者にしたりしません。

――「バチカン・インサイダー」2012年9月5日

Jesus did not preach his own politics: he accompanied others. The conversions he inspired took place precisely because of his willingness to accompany, which makes us all brothers and children and not members of an NGO or proselytes of some multinational company.

みなさんをお待たせしてはいけません。

（聖ピーター広場の人々へのお披露目でバルコニーに出る前の発言）

――２０１３年３月13日

I don't want to keep the people waiting. (Before appearing on the balcony to greet people in St Peter's Square.)

親愛なる兄弟、姉妹たちよ、こんばんは。

(教皇として人々に紹介された際の最初の挨拶)

2013年3月13日

Brothers and sisters, good evening. (His first words to the crowd after his introduction as Pope.)

私はここにとどまります。

（教皇として最初のお披露目に際して、周りの枢機卿たちよりも高い位置に立つことを避けるため、壇上に上ることを拒否した時の発言）

——２０１３年３月13日

I'll stay down here. (Refusing a platform at his first appearance as Pope, which would place him above the cardinals around him.)

教皇としての使命について

さあ今こそ、この旅を始めましょう。司教と民、ともに歩き出そうではありませんか。司教と民、一緒に進むのです。愛において全教会を導いていくローマ教会の兄弟愛、愛、そして相互信頼の旅路を。

——教皇としての最初の祝福　2013年3月13日

And now, let us start this journey, bishop and people, bishop and people, this journey of the Church of Rome, which leads all the Churches in charity, a journey of fraternity, of love, of trust among us.

祝福を授けたいと思います。しかしその前に、みなさんにお願いがあります。私が教皇として祈りを捧げる前に、みなさんどうか、私のために祈ってはいただけないでしょうか。神が私にご加護を与えてくださるようにと。

――教皇としての最初の祝福　２０１３年３月13日

I would like to give you a blessing, but first I want to ask you for a favour. Before the bishop blesses the people, I ask that you pray to the Lord so that he blesses me.

教皇として選任されること

みなさんご存じのとおり、ローマ教皇を就任させることがコンクラーべの責務です。私の兄弟である枢機卿たちは、世界の裏側まで探し回ったようですが、私たちは今ここで、この時を迎えています。

教皇としての最初の祝福　2013年3月13日

As you know, the duty of the Conclave is to give Rome a bishop. It seems that my brother cardinals went almost to the end of the world. But here we are.

神よ、ゆるしたまえ。

(教皇として選任された日の夕食時)

——2013年3月13日

May God forgive you. (At his first dinner with the cardinals after his election as Pope.)

教会が私の母親だ

教会が私の母親だということは、スキャンダルでもなんでもありません。教会の罪悪や欠点を、母親のそれを見るように見ます。母親のことを考える時、弱さや足りないところよりも、彼女が成し遂げた美しくて善いことばかりが思い出されるのです。母親は言葉を使う前に、愛に満ち溢れる心で守ろうとします。スキャンダルにばかり目を向けている人々の心には、教会に対する愛が少しでもあるのでしょうか？

――『アメリカ』誌　２０１３年３月13日

I must not be scandalized by the fact that the Church is my mother: I must look at its sins and shortcomings as I would look at my mother's sins and shortcomings. And when I think of her, I remember the good and beautiful things she has achieved, more than her weaknesses and defects. A mother defends herself with a heart filled with love before doing so with words. I wonder whether there is any love for the Church in the hearts of those who pay so much attention to the scandals.

テロリズムや抑圧や暗殺のみが人権を損なうのではありません。貧富の差を拡大させる不公平な経済構造もまた、人権を侵害しているのです。

——『ガーディアン』紙　2013年3月13日

Human rights are not only violated by terrorism, repression or assassination, but also by unfair economic structures that create huge inequalities.

政治について

政治は崇高な行為です。もう一度その価値を考え直し、使命感を持って献身すべきです。犠牲と証言を伴う献身なのです。——つまり、社会全体の善のために死ぬ覚悟を要するということです。

——『デイリー・テレグラフ』紙　2013年3月13日

Politics is a noble activity. We should revalue it, practise it with vocation and a dedication that requires testimony, martyrdom – that is, to die for the common good.

教皇就任後、リムジンを断ったこと

みんなと一緒にバスで行きます。

AP通信　2013年3月13日

I'll just go with the guys on the bus.

歩かない時、私たちは止まっています。何かを築く時、しっかりとした石の土台を選ばなければ、どうなるでしょうか。砂浜で子どもたちが作った砂のお城と同じことが起こります。すべてが崩れ落ちてしまうのです。確かなものがないのですから。

——最初の教皇ミサでの説教　2013年3月14日

When one does not walk, one halts. When one does not build on stone, what happens? That happens which happens to children on the beach when they make sand castles; it all comes down, it is without substance.

歩き、築き、懺悔《ざんげ》する。これらは平坦な道ではありません。旅、構築、告解、そのすべての過程で、ショックを受けたり、予定を変えたりしなければならない出来事に遭遇したりして、足止めされることもあるでしょう。

――最初の教皇ミサでの説教　２０１３年３月14日

To walk, to build, to confess. But the matter is not so easy, because in walking, in building, in confessing, at times there are shocks, there are movements that are not properly movements of the journey: they are movements that set us back.

訪ね歩きなさい

イエスは私たちに別の道を示されています。外に出なさい！　出ていきなさい！　と。

実際に出向き、兄弟たちと触れ合って、あなたの経験を分かち合うのです。

外に出て、分け与えなさい。訪ね歩きなさい！　魂とその身体で御言葉を体現するのです。


――『ニューヨーク・デイリーニューズ』紙　2013年3月14日

Jesus teaches us another way. Go out! Go out! Share your testimony, go out and interact with your brothers, go out and share, go out and ask! Become the Word in body as well as in spirit.

十字架を持たずして歩き、十字架を持たずして築き、十字架を持たずしてキリストに告解する時、私たちはもう主の弟子ではありません。私たちは世俗的なものになり下がってしまうのです。私たちは司教で、司祭で、枢機卿で、教皇であるかもしれない。しかし、主の弟子ではないのです。

――最初の教皇ミサ説教　２０１３年３月14日

When we walk without the cross, when we build without the cross, and when we confess Christ without the cross, we are not disciples of the Lord: we are worldly, we are bishops, priests, cardinals, popes, but not disciples of the Lord.

クジャクの後ろ姿

クジャクを思い浮かべてみてください。真正面から見ると、とてもきれいです。しかし、数歩下がって後ろから見てみましょう。……実は、自分のことばかり話して虚栄心にふけっている人は、深いみじめさをひた隠しているのです。

『El Mundo』紙　2013年3月14日

Look at a peacock. If you look from the front, it's very pretty. But take a few steps back and look at it from behind ... He who falls into self-referential vanity is actually hiding deep misery.

貧しい人々は仕事を求めただけで責め立てられ、金持ちは正義から逃れて拍手喝采を浴びています。

――BBCニュース　2013年3月14日

Poor people are persecuted for demanding work, and rich people are applauded for fleeing from justice.

教皇として成し遂げること

荒れ果てた私の教会を修復します。

「カトリックオンライン」 2013年3月14日

Repair my Church in ruins.

カトリック教会の感じる教区民への恩義

憐れみです。憐れみ。憐れんでくださることです。

「ブルームバーグ・ビジネスニュース」2013年3月14日

Mercy, mercy, mercy.

老年には叡智が宿ると言われます。高齢者は歩んできた人生から、さまざまなことを学んできました。聖抱神者シメオンとアンナは、その知恵によって神に気づくことができたのです。この知恵をもって若い方たちに接しましょう。年月とともに味わい深くなる上質なワインのように。私たちの人生の知恵を、若い方たちに差し出しましょう。

――枢機卿への講演「バチカンニュース」２０１３年３月15日

Old age, they say, is the seat of wisdom. The old ones have the wisdom that they have earned from walking through life, like old Simeon and Anna at the temple whose wisdom allowed them to recognize Jesus. Let us give with wisdom to the youth: like good wine that improves with age, let us give the youth the wisdom of our lives.

キリスト教の真理は、人を惹きつけ、心に訴えかけます。それは、キリストこそが1人の人間、そして人類全体の救済者であるという真《しん》摯《し》な宣言が、人間という存在が深いところで欲しているものに呼応するからです。キリスト教の始まりに偉大な伝道者たちによって福音が広められた頃から、この宣言はずっと変わらずに有効なのです。

——枢機卿への講演　「バチカンニュース」　2013年3月15日

The Christian truth is attractive and persuasive because it responds to the deep needs of human existence, convincingly announcing that Christ is the only Saviour of the whole person and of all persons. This announcement is as valid today as it was at the beginning of Christianity when there was a great missionary expansion of the Gospel.

枢機卿団だけでなく、すべての信徒たちにとってコンクラーベの期間はとても有意義なものでした。カトリック教会から連帯感や愛情がまるで肌に感じられるようで、カトリック教徒でないたくさんの人々の尊敬と称賛に満ちた熱い視線が、教会や聖座に向けられているのを感じました。

——枢機卿への講演「バチカンニュース」2013年3月15日

The period of the Conclave was full of meaning, not only for the College of Cardinals, but also for all the faithful. In these days we felt, almost tangibly, the affection and solidarity of the universal Church, as well as the attention of many people who, although they do not share our faith, look to the Church and the Holy See with respect and admiration.

悪魔に祈る

イエス・キリストに祈らないすべての者たちは、悪魔に祈っているのです。

――教皇としての最初の説教　２０１３年３月15日

Whoever does not pray to Jesus Christ, prays to the Devil.

悲観主義に決して陥ってはなりません。
日々、悪魔がその辛辣さで私たちを誘っています。
悲観主義に陥って、希望を失ってはなりません。

――枢機卿への講演「バチカンニュース」2013年3月15日

Let us never give in to pessimism, to that bitterness that the Devil offers us every day.
Do not give in to pessimism and discouragement.

神の御子

ここにいるすべての人がカトリック信者というわけでなく、信じていない人たちもいるでしょう。あなた方お１人お１人の良心に敬意を表します。あなたがたはみな、神の御子です。神のご加護がありますように。

――バチカンでの記者会見　２０１３年３月16日

Not everyone present belongs to the Catholic faith and others do not believe. I respect the conscience of each one of you, knowing that each one of you is a child of God. May God bless you.

（フランシスコは）貧困を生きた人物です。平和を体現した人物です。神の創造物に対し深い愛と思いやりに溢れた人物です。現在の私たちは、創造主と彼の間にあった素晴らしい関係を築くことができていません。貧しさに身を置き、貧しい教会を求め続けた彼こそが、平和の精神を私たちに教えてくれるでしょう。

――バチカンでの記者会見　２０１３年３月16日

The man of the poor. The man of peace. The man who loved and cared for creation – and in this moment we don't have such a great relationship with the creator. The man who gives us this spirit of peace, the poor man who wanted a poor Church.

平和の象徴

フランシスコは平和の象徴でもあります。だから、「アッシジのフランシスコ」という名前が頭に浮かんだのでしょう。貧困の中で平和を求め、神の創造物を愛し守るのが、私にとってのフランシスコという人物なのです。

――バチカンでの記者会見　２０１３年３月16日

Francis is also the man of peace. That is how the name came into my heart: Francis of Assisi. For me, he is the man of poverty, the man of peace, the man who loves and protects creation.

貧しい人々のための慎ましい教会を、どうして愛さずにいられれましょうか！

――バチカンでの記者会見　２０１３年３月16日

How I would love a Church that is poor and for the poor.

薬物について

酒と薬物は、手っ取り早い逃げ道にすぎません。

――『ガーディアン』紙 2013年3月16日

Alcohol and drugs are an easy shortcut.

教会はあなた方の重要な仕事を高く評価していると、お伝えしたかったのです。周到な準備、鋭い感性、豊富な経験が必要不可欠な仕事です。それはほかの職業も同じかもしれませんが、あなた方は真、善、美に大きく関わる仕事をされています。その点で、私たちと一緒ですね。

――バチカンでの記者会見　2013年3月16日

Be assured that the Church, for her part, highly esteems your important work. Your work calls for careful preparation, sensitivity and experience, like so many other professions, but it also demands a particular concern for what is true, good and beautiful. This is something which we have in common.

マスメディアの役割

マスメディアの役割は近年急激に拡大し、世界中で起こる現代のさまざまな出来事を知るための必要不可欠なツールとなりました。そこで私は、あなた方のプロ精神に溢れる最近の報道に、感謝を表したいのです。とてもお忙しかったでしょう？　カトリック教徒のみならず、世界中がこの「永遠の都」に注目していたのですから。

――バチカンでの記者会見　2013年3月16日

The role of the mass media has expanded immensely in these years, so much so that they are an essential means of informing the world about the events of contemporary history. I would like, then, to thank you in a special way for the professional coverage which you provided during these days – you really worked, didn't you? – when the eyes of the whole world, and not just those of Catholics, were turned to the Eternal City.

キリストは教会の司祭です。しかし、歴史において彼の存在は、人間の自由を通して伝えられます。教皇は、人間の中から選ばれたキリストの代理であり、使徒ペトロの後継者なのです。

――バチカンでの記者会見　２０１３年３月16日

Christ is the Church's Pastor, but his presence in history passes through the freedom of human beings; from their midst one is chosen to serve as his Vicar, the Successor of the Apostle Peter.

ゆるしについて

倦《う》むことなくゆるしを乞い続けることで恩寵《おんちょう》を求めるのです。そして神は、倦むことなくゆるしてくださいます。

説教　2013年3月17日

We ask for the grace of never tiring of asking for forgiveness, for he never tires of forgiving.

神がゆるしてくださらなければ、世界は存在できません。

――説教　２０１３年３月17日

If God does not forgive, the world would not exist.

憐れみについて

ほんの少しの憐れみでこの世界から冷たさが減り、正しさが増えるでしょう。

説教　２０１３年３月17日

A little bit of mercy makes the world less cold and more just.

憐れみは神の強力なメッセージです。神の憐れみに身を委ねることは容易なことではないでしょう。（神の憐れみの）深淵に身を投げるのですから。しかし、私たちはそうしなければならないのです！

――説教　２０１３年３月17日

Mercy is the Lord's most powerful message. It's not easy to trust oneself to the mercy of God, because [his mercy] is an unfathomable abyss – but we must do it!

最初のツイート

友人のみなさん、心から感謝します。私のために祈り続けてください。教皇フランシスコ

——教皇フランシスコTwitter：@Pontifex

Dear friends, I thank you from the heart and I ask you to continue to pray for me. Pope Francis.

憐れみを知る者、つまり憐れみのやさしさを知る者だけが主とともに幸福であり、安らぎを得ることができるのです。神学者のみなさん、どうか私を異端裁判やサンツフィッツィオの裁判所に差し出さないでください。しかし、もう少し言わせてもらえば、この出会いの光栄なことは、イエス・キリストが私の罪にも憐れみを施してくださったことです。

――『ナショナル・カトリック・レポーター』紙　２０１３年３月

Only someone who has encountered mercy, who has been caressed by the tenderness of mercy, is happy and comfortable with the Lord. I beg the theologians who are present not to turn me in to the Sant'Uffizio or the Inquisition; however, forcing things a bit, I dare to say that the privileged locus of the encounter is the caress of the mercy of Jesus Christ on my sin.

脆さについて

あなた方の脆さには、財宝が秘められていることに気づいてください。

――説教 2013年8月21日

I invite you to recognize the treasure hidden in your fragility.

セレクション

まだまだある、あの日あの時の
ローマ教皇フランシスコの言葉たち

1　聖職者について

寛容な聖職者であるためには、聞く能力が重要です。自分の堅固な信念を曲げることなく聞く力のことです。

――――大司教区司祭たちへの手紙　1999年10月1日

2　奉仕について

奉仕とは、無関心と功利主義的自己中心性の拒絶です。誰かのために行うのです。

――――説教　2001年5月25日

3　アルゼンチンの岐路

アルゼンチンは重要な岐路にあります。過去の痛ましい経験から学び、新しい未来への道に足を踏み出すのか。それとも、屈辱と混沌に沈み、大切な価値観を失い、社会として崩壊する道を選ぶのか。その選択を迫られているのです。

――――教育コミュニティへの大司教年次メッセージ
2002年　イースター

4　会話について

言葉を発することに気を払うように、言葉を発さないことにも心を向けることは可能でしょうか。

――――教育コミュニティへの大司教年次メッセージ
2002年　イースター

5 | **パン代を稼げない存在**

毎日のパン代を稼げない（存在である）ことをけなされるなんて、これほどの屈辱があるでしょうか？

——教育コミュニティへの大司教年次メッセージ
2002年　イースター

6 | **攻撃にさらされる真実**

真実はいつも戦っています。しかし、真実はいつも攻撃にさらされているのです。

——説教　2002年10月4日

7 | **イメージと情報について**

人々の消費をあおったり、印象操作をしたりする目的のためだけのイメージや情報は……私たちへの攻撃です。それは、とても暴力的な攻撃です。私たちを誘拐しようとしているのです。

——説教　2002年10月10日

8 | **創造性について**

創造性に溢れる人は、どんな言説、思想、宣言、そして提案でも、それが「唯一の可能な道」として姿を現した時、そのすべてに疑いの目を向けます。いつだって正解は１つではないのです。たくさんの可能性があるのです。

——教育コミュニティへの大司教年次メッセージ
2003年4月9日

9 先駆者たちの功績

何か新しいものを築く時に、先駆者たちの功績を足蹴《あしげ》にして破壊することから始めようとするなら、一体どのようにして強固なものを築くことができるというのでしょうか。

——教育コミュニティへの大司教年次メッセージ
2003年4月9日

10 学校について

学校は、子どもたちや若い人たちが、生きた歴史に触れることのできる空間であるべきです。

——教育コミュニティへの大司教年次メッセージ
2003年4月9日

11 無関心について

無関心は危険です。悪気があろうとなかろうと。

——説教　2003年5月25日

12 責任について

喪失の痛みを隠すのをやめ、私たち自身の罪、無関心、そして嘘の責任をとるべきです。償いの伴った和解によってしか、私たちは救われません。その過程で、私たち自身に対する恐れをなくすことができるのです。

——説教　2003年5月25日

13｜自由の身か奴隷か

人はみな、もがいています。自由の身になるか、それとも奴隷になるのか。

——説教　2003年9月4日

14｜力不足

しばしば、疲労困憊《こんぱい》してしまいます。怠け心は魂をそそのかします。やるべきことがあまりにも大きく見え、自分たちがなんとも力不足のように思えてしまうのです。

——聖灰水曜日の説教　2004年2月25日

15｜私たちの生きる世界

私たちの生きる世界は気力をくじき、意気消沈させる出来事で溢れています。

——聖灰水曜日の説教　2004年2月25日

16｜生まれ変わる必要

社会における不正義や、経済的不正の深刻な状況が露呈し、政治的腐敗がはびこり、民族浄化や虐殺が行われ、環境が破壊され続けています……私たちは個人レベル、そして社会全体として革新的に生まれ変わる必要に迫られているのです。正義や連帯、実直さや透明性を確保しなければなりません。

——説教　2004年9月25日

17 宗教的多様性について

世界中で起こっている人々の移動や、特にアジアに起源を持つ宗教的多様性の現実は、異文化間、異宗教間対話という視点から、福音伝道において熟慮を要する課題を示してくれました。

——説教　2004年9月25日

18 真理が自由にする

「真理はあなたがたを自由にします」という信条によってのみ、人類や国家の深刻な問題を解決することができるのです。

——説教　2004年9月25日

19 説教に向ける情熱

司祭たちはミサを取り仕切る立場として、毎週日曜日の説教に向ける情熱を日々、新たにする必要があります。まず何よりも、私たちの中で神の言葉への知識と愛が育っていることが重要なのです。

——ラテンアメリカについての説教　2005年1月19日

20 聖母マリアについて

我らがマリア様は信心深い者たちに神の教えの喜びをお伝えくださいます。マリア様を喜びで満たした教えです。

——ラテンアメリカについての説教　2005年1月19日

21 神の約束について

富や権力を神は約束しません。その代わり、神は見守りくださり、望むだけの安らぎを約束くださいます。神の名を避け所とするのです。神は親密さと、父なる神のぬくもりをお与えくださり、やさしさと寛容で包み込んでくださるのです。

説教　2005年1月30日

22 都市について

大都市は富と可能性に溢れています。しかし、危険もはらんでいます。

説教　2005年3月12日

23 排他性について

ときに私は自問します。我らの教会は、排他的な文化にくみしてはいないだろうか。老人や子どもの居場所がなく、善きサマリア人のように立ち止まろうにも、道端にそのスペースすら許さない文化と暗に共謀していないだろうか、と。

説教　2005年3月12日

24 | カテキスタ(伝教者)について

みなさんの中に、使徒のミイラが紛れ込んではいませんよね……どうか、ご遠慮ください！　ミイラのみなさんは博物館へ向かってください。そこがお似合いです。

――大司教区会議での講演　2005年3月12日

25 | 責任と可能性

私たちのこの手の中に責任、そして可能性があります。子どもたちのために、この世界をよりよいものにしていくという責任と可能性です。

――説教　2005年　イースター

26 | 成熟について

成熟することについて深く考えることは、私たちの役に立ちそうですね。

――説教　2005年　イースター

27｜情報社会

私たちが「情報社会」から逃れることは確かに不可能です。しかし、立ち止まって情報を吟味し、可能性を探り、将来を想像してみることはできます。お互いの考えを共有し、他者の声に耳を傾けるのです。

――教育コミュニティへの大司教年次メッセージ
2005年　イースター

28｜社会正義について

道端で傷ついている人を助けるのか、放っておくのかによって、私たちの政治的、社会的、宗教的プロジェクトの方向性は見えてきます。私たちは日々、善きサマリア人になるのか、無関心な通行人でいるのか、選んでいるのです。

――AP Worldstream　2005年4月17日

29｜権力と奉仕

権力を少しでも持っているのなら、あと少し奉仕してみましょうか。

――説教　2005年8月7日

30 奉仕することの喜び

人生において、分け隔てなく奉仕するか、分け隔てて得をするかの選択に迫られる時があります。つまり、相手の足を洗うのか、それとも相手の問題からあなたの手を洗うのかという選択です。そういう時は、いつもイエス様のことを思い浮かべ、奉仕することの喜びを思い出してください。

―― 説教 2005年8月7日

31 テレビについて

文化的産物、特にテレビに映されているのは、堕落や性的軽薄さ、家庭に対する価値の否定、美徳として仕立て上げられた悪癖、そして取りはやされる暴力（によって特徴づけられるもの）ばかりです。

―― 若者たちへの手紙 2005年10月1日

32 ブエノスアイレスについて

混沌とした町よ、まとまりがないこの町よ、わがままな町、ブエノスアイレスよ。泣きなさい。涙によって洗い流しましょう。……安らぎを知らぬ、表面だけ取り繕ったこの町を、悲しみに浄化してもらうのです。

―― 説教 2005年12月30日

33｜都市も母親

この都市もまた母親なのです。

——説教　2005年12月30日

34｜神の教えについて

神の教えはいつも、どちらか選ぶよう求めます。信徒になって助けと光を乞うか。それとも、扉を閉ざし、自分の闇と鎖に今にも増してしがみつくのか。

——説教　2006年4月13日

35｜芸術家の表現

アルゼンチンは世界に誇る多くの素晴らしい執筆家や芸術家を輩出してきました。伝統的な作品から、子どもたちの視点を表現した作品まで、幅広いジャンルにおいて。すべての作品に共通するのは、今の私たちについての何かを表現し、そして、私たちがこれからどうなりたいかを表明していることです。

——教育コミュニティへの大司教年次メッセージ
2006年　イースター

36｜家族の価値

教会は近代的精神を教示しようと試みています。というのは、婚姻に基づく家族には、2つの重要な価値があるということです。それは、安定と生産性です。

——「教区と家族」　2007年1月18日

37｜アルゼンチンの貧富の差

私たちは、世界で最も貧富の差が大きい地域に住んでいます。おそらく最も発展を遂げた場所であるのに、悲しみはまったく取り除かれていません。物資は平等に分配されないまま、天への叫びともとれる社会的罪悪がはびこり、多くの兄弟たちが豊かな生活への可能性を絶たれているのです。

——CELAM（ラテンアメリカ・カリブ司教会議）でのスピーチ
2007年5月21日

38｜イデオロギーとしてのグローバリゼーション

経済的、社会的イデオロギーとしてのグローバリゼーションは、貧しいコミュニティを最も苦しめています。

——CELAM（ラテンアメリカ・カリブ司教会議）でのスピーチ
2007年5月

39｜他文化の侵略

グローバリゼーションは他文化の侵略をゆるし、独自文化の根を急速に退化させました。音楽、ファストフード産業、ショッピングモール、情報伝達方法などさまざまな分野で他文化は影響を及ぼしています。

——CELAM（ラテンアメリカ・カリブ司教会議）でのスピーチ
2007年5月

40｜過去について

過去に犯された罪も不正も、ゆるしと改悛《かいしゅん》と償いをもって、祝福される必要があります。

――説教　2007年6月9日

41｜大きな罪

これらの出来事[2]が司法制度によって明らかにされたことで、全市民による関係修復への努力が一層強くなると、私たちは信じています。恩赦法から距離を取るだけでなく、憎しみや恨みも遠ざける必要があります。（これらの残酷な行為に加担したすべてのカトリック教徒たちは）自らの責任において神を冒涜し、大きな罪を犯しました。神、人類、そして自らの良心に反する重大な罪です。

――インター・プレス・サービス　2007年10月11日

2）1976～1983年にアルゼンチンの軍事政権によって行われた白色テロ

42｜探求を分かち合う力

耳を傾けることは、問いや（答えへの）探求を分かち合う力でもあります。

――「真の力は奉仕である」　2007年

43｜イエスは望まれていません

イエスは私たちが立ち止まることなど望まれていません。私たちが焦ることもお望みではありません。過去の栄光に浸ることも、肩ひじを張ることも望まれていません。

――説教　2008年5月24日

44 知らないこと

私が実際にこの目で見ていないことや、知らないことについて語ることはできません。

——説教　2008年9月7日

45 結婚について

夫と妻が（互いの）愛に慣れてくると、互いを大切にしなくなります。感謝を表すことがなくなり、そこにあるものを育むことをやめてしまうのです。

——説教　2010年2月17日

46 リーダーシップについて

リーダーシップとは……習得することのできる技術です。そして……学ぶことのできる科学でもあります。仕事という一面もあるでしょう……献身、努力、粘り強さが常に求められます。ただ何よりも、とても不思議なものです……必ずしも理屈で説明できるものではないと感じています。

——大司教区司祭交流大会でのスピーチ　2010年10月16日

47 アルゼンチンについて

アルゼンチンの人々が対話嫌いだというのは本当でしょうか？　私は決してそう思いません。対話を許さない態度によって、人々は被害を受けていると、むしろそう考えます。傲慢さや、聞く耳を持たない態度、言葉尻を捉える風潮……などのさまざまな要因によって、対話が許されていないのです。

――『天と地の上で』 2010年

48 アルゼンチンの「汚い戦争」について

教会内でも、さまざまな立場のキリスト教徒がいる状態でした。ゲリラとして死んだキリスト教徒もいましたし、人助けに尽力したキリスト教徒もいました。そして、祖国を守っているのだと盲信し、人々を迫害したキリスト教徒もいたのです。

――『天と地の上で』 2010年

49 軍事政権の罪

軍事政権によって行われたおぞましい罪が、少しずつ明らかにされていますが、この国の歴史において、これほど虫唾《むしず》の走る悪行を私はほかに知りません。

――『天と地の上で』 2010年

50｜何度も立ち上がった

腐敗していた時代がありました。困難な時代もありました。しかし、宗教は何度も立ち上がったのです。

――『天と地の上で』 2010年

51｜教会が苦しみに重きを置くことについて

苦しみが重要だと（教会が）説いたことがあるのは事実です。教会において苦しみの価値が高められた理由は、その文化的、時代的背景によって異なります。

――『イエズス会士』 2010年

52｜文化が持つ美徳

グローバリゼーションをビリヤードゲームに例えてみましょう。それぞれの文化が持つ美徳を、１つ１つ、穴に沈めていきます。

――『天と地の上で』 2010年

53｜イエズス会について

（私が）イエズス会に入ったのは、その……服従を重んじる姿勢と規律の厳しさに惹かれたからです。そしてもう１つは、宣教活動に熱心だったからです。

――『イエズス会士』 2010年

54 | 教会における女性の存在

教会における女性の存在はあまり語られてきませんでした。それは、男性の権威をひけらかすことへの誘惑が共同体内での女性の役割をひた隠そうとしたからです。

――『天と地の上で』 2010年

55 | 人格の欠点について

壁を建てようとするのは、浅はかで、凡庸な虚栄心に溢れていることの表れです。それが富や権力による壁でも、暴力や隠匿のための壁であっても同じです。

――説教 2011年5月25日

56 | ブエノスアイレスのための祈り

ブエノスアイレスのために祈りを捧げる時、この町に生まれてよかったなあと、深く感謝します。

――第1回都市部教区会議での講演 2011年8月25日

57 | 相対主義について

近代都市は相対主義的です。というのは、すべてのものに有効性を認め、差別を存在させず誰も除外しないで済むようにしようとするあまり、真実までも「相対化」する衝動に流される傾向があるようです。しかし、真実は相対化できるものではありません。

――第1回都市部教区会議での講演 2011年8月25日

58｜道徳心について

道徳心についてよく話されるのは、手っ取り早いからです。もっと言うならば、悪趣味ですが、結婚生活の道徳や、第6戒に関することはよく話されます。聴衆の気を引きやすいと思われているからでしょう。けれど、そうやって私たちは、教会のイメージを悲しいものにしています。

――「バチカン・インサイダー」 2011年12月15日

59｜教会の政治について

教皇は……ヤコブとヨハネについて話され、誰がイエスの一番の使徒になるかを巡って、最初の使徒たちの間にも緊張関係があったと話されました。つまり、このような態度や争いはキリスト教創始からずっと存在しているのです。

――「バチカン・インサイダー」 2012年2月24日

60｜私たちに与えられた使命

ベネディクト16世は信仰の刷新こそが最優先であり、恩恵として信仰は受け継がれなければならないと強くおっしゃいました。恩恵は人に与えるべきものです。見返りを求めず分かち合われるべきものです。所有するものでなく、私たちに与えられた使命なのです。

――「バチカン・インサイダー」 2012年2月24日

61｜ローマ教皇庁について

ローマ教皇庁は奉仕する組織であり、私に手を貸し、仕えてくれる団体であると考えています。ローマ教皇庁には悪い面もありますが、ネガティブなことにばかり気を取られて、身を捧げた多くの人たちや信徒たちの神聖さをないがしろにしてはいないでしょうか。

――「バチカン・インサイダー」 2012年2月24日

62｜その日に食べるパンのために

今、この町は一体どうやって悲しめばよいのかすら分かりません。麻酔で何も感じられなくなったような感覚です。彼らはみな、その日に食べるパンのために、ただ働いていたのです。誇りを持って。神様、その日の食べ物を得るために、まるで家畜のように移動しなければならないなんて。このことを決して日常茶飯事で仕方ないことだと思ってはなりません。（ブエノスアイレスの鉄道駅で、車止めに電車が激突し52人が犠牲になったことを受けて）

――説教 2012年3月23日

63｜枢機卿について

枢機卿であることは奉仕することであり、見せびらかすための賞ではありません。

――「バチカン・インサイダー」 2013年2月24日

64｜ブエノスアイレスの教会について

ただ両手を広げて待ち、受け入れるだけの教会にならず、教会とは無縁の生活を送る人々に自ら出向く教会でありたいと思っています。たくさんの人が日々集う広場で、祈り、ミサを捧げ、簡易な準備で行える洗礼を施すのです。

――「バチカン・インサイダー」 2013年2月24日

65｜世俗的精神について

世俗的精神は、宗教的人間中心主義の表れであり、グノーシス派的要素が見られます。キャリアを最重視し、昇進ばかりに気を取られるのは、精神が世俗的分類にあるからでしょう。

――『アメリカ』誌 2013年3月13日

66｜新自由主義について

社会経済的危機、そしてそれによる貧困の根本原因は、新自由主義に基づいた方針にあります。人間やさまざまな民族の尊厳も省みず、市場のルールと利益を絶対的基準とする形態の新自由主義です。

――『ガーディアン』紙 2013年3月14日

67｜エイズ患者の足を洗うことについて

この行いは、すべてのキリスト教徒への呼びかけです。イエスの行いに倣えば、迷うことはないのです。苦しむ兄弟たちに奉仕することです。

――『ウォール・ストリート・ジャーナル』紙　2013年3月14日

68｜ベネディクト16世について

私の尊敬する前任者であるベネディクト16世が、在位中に成し遂げたことを深い愛情と感謝を持って、私はこう考えます。ベネディクト16世の教え、善良さ、導き、信仰、謙虚さ、そしてやさしさは教会をより豊かに、そして強くしました。そしてそれは、私たちすべてに託された精神的遺産として、いつまでも残るでしょう。

――枢機卿たちへの言葉「バチカンニュース」　2013年3月15日

すべての人間には、存在意義があります。

——教育コミュニティへの大司教年次メッセージ
２００２年　イースター

Every human being is worthwhile.

Dios
habla en el
silencio del
corazón

編者　ジュリー・シュワイダート・コヤゾ（Julie Schwietert Collazo）
ライター。TIME誌、ナショナルジオグラフィック誌をはじめさまざまな雑誌に寄稿する。ニューヨーク在住。

編者　リサ・ロガク（Lisa Rogak）
ニューヨークタイムズのベストセラー作家。40冊以上の本と何百もの新聞や雑誌の記事を執筆。ニューハンプシャー在住。

訳者　ローリングホフ育未（ローリングホフ　いくみ）
トロント大学OISE修士。カナダ在住。翻訳書に『痩せる脂肪』『TIME OFF』（クロスメディア・パブリッシング）、『BRAND STORY TELLING　ブランドストーリーのつくりかた』（CCCメディアハウス）など。

ローマ教皇フランシスコの生声
本人自らの発言だからこそ見える真実

2023年6月13日　第1刷発行

編　者　ジュリー・シュワイダート・コヤゾ、リサ・ロガク
訳　者　ローリングホフ育未

装　丁　トサカデザイン（戸倉巌、小酒保子）
本文デザイン　高橋明香（おかっぱ製作所）
本文DTP　有限会社天龍社
編集協力＋校正　日本アイアール株式会社
翻訳協力　株式会社アメリア・ネットワーク
編　集　曽我彩＋平沢拓＋関美菜子（文響社）

発行者　山本周嗣
発行所　株式会社文響社
〒105-0001
東京都港区虎ノ門2-2-5　共同通信会館9F
ホームページ　https://bunkyosha.com
お問い合わせ　info@bunkyosha.com
印刷・製本　中央精版印刷株式会社

ISBN 978-4-86651-609-7

この本に関するご意見・ご感想をお寄せいただく場合は、郵送またはメール（info@bunkyosha.com）にてお送りください。

提供：Parroquia Virgen de Caacupe/ロイター/アフロ（P.13）、写真：Courtesy of Maria Elena Bergoglio/ロイター/アフロ（P.37）、写真：AP/アフロ（P.47、P.81、P.167）、写真：ロイター/アフロ（P.103、P.227）、写真：ANSA/アフロ（P.171）、写真：代表撮影/AP/アフロ（P.203）、写真：L'Osservatore Romano/AP/アフロ（P.247）